はじめに

　英語を話す・書くといった運用能力を伸ばすためには、基本文型を自由に使いこなせるようにする必要があります。

　当たり前のことでありながら、実際には基本文型の徹底練習・習熟は、多くの学習者が見過ごしがちな分野でした。

　私自身も大学受験までの学習、その後の音読、語彙増強、多読などでかなりの英語力をつけながら、基本文型の徹底マスターに手をつけず、英語を話す力が伸びないことに悩みました。

　しかし、20代半ばで、瞬間英作文トレーニングに取り組み、劇的な変化を経験することができました。この経験については、『どんどん話すための瞬間英作文トレーニング』の「私自身の瞬間英作文回路獲得体験」に詳しく書きました。

　自分自身の英語習得体験から、私は基本文型操作をマスターすることの重要性を確信し、自分の主宰する英語教室では、必須トレーニングとして、受講生の皆さんに行っていただいております。

　教室で実際に使用してきたオリジナル教材を、ベレ出版からテキストとして出版させていただいたのが、『どんどん話すため

の瞬間英作文トレーニング』『スラスラ話すための瞬間英作文シャッフルトレーニング』です。

　地味なトレーニングでありながら、この2冊には英語学習者から大変な反響がありました。英語習得の上で極めて重要でありながら、看過されがちなこのトレーニングに、学習者の方々の目を向けることができたのは大きな喜びです。

　英語の基本文型の反射的な操作能力、すなわち「瞬間英作文回路」を獲得するために、私が、お勧めするのは、まず、文型ごとに練習し、パターンを刷り込んでしまい、次に、さまざまな文型をばらばらにして（シャッフルして）練習し、刷り込んだ文型を、必要な時に即座に引き出せるようにすることです。

　この段階まで至れば、「瞬間英作文回路」はほぼ完成し、その後は、表現の幅を広げて行くことが目標になります。

　本書は前作『スラスラ話すための瞬間英作文シャッフルトレーニング』のおかわりテキストです。
　本書は前作と多少構成が異なります。前作ではシャッフルトレーニングと、複数の文型を組み合わせた英作文を行う文型コンビネーショントレーニングを、それぞれ500問ずつ収録していました。
　本書ではシャッフルトレーニングのみに集中し、合計700文

のシャッフル英作文を収録しました。

　本書が、学習者の方々の瞬間英作文回路完成のための貴重な栄養となることを願っております。

　　　　　　　　　　　　　　　　　　　　　　　　　　森沢洋介

もくじ

おかわり！スラスラ話すための瞬間英作文シャッフルトレーニング

はじめに…**3**
瞬間英作文トレーニングとは…**7**
トレーニングの指針…**19**
トレーニングの仕方…**26**

瞬間英作文シャッフルトレーニング…**30**
　700例文を70項目に分けてトレーニングします。

あとがき…**171**

瞬間英作文トレーニングとは

「わかっている」を「できる」にする

　この本を手にとった人は、英語を自由に話せるようになりたいという願望を持っていることでしょう。この願望を叶えるために、それなりに努力もしたかもしれません。英会話学校に通ったり、表現集で会話表現を暗記してみたり。でも、成果は満足できるものではなかったのではないでしょうか。

　英語力の他の側面がかなりのレベルにある人でも、英語を話す能力だけが遅れてしまうことが多いものです。受験勉強などで、抽象的で難解な英文を読み解く能力を身につけていても、簡単な英文さえ、反射的には口から出てこない、あるいは相手が話す英語はだいたいわかる聴き取り能力はあるのに、自分が話すとなるとうまくいかず、スムーズな会話が成立しないというフラストレーションは、私自身が経験したことなのでよく理解できます。

　所詮、英語を話すということは、留学などで長期間、英語圏で暮らさない限り叶わないことと嘆息したくなりますが、諦めるのは早すぎます。発想を変え単純なトレーニングを行いさえすれば、日本を1歩も出なくても、英語を話せるようになります。

それなりに英語を勉強してきたのに話すことはからきし、という行き詰まりを打破するのに極めて効果的なのが、**瞬間英作文**というトレーニングです。方法は極めて単純で、中学で習う程度の文型で簡単な英文をスピーディーに、大量に声に出して作るというものです。「馬鹿にするな。中学英語なんかもうわかっている」という声が聞こえてきそうです。それでは、ちょっとテストしてみましょう。あなたは次のような日本語文をばね仕掛けのように即座に口頭で英語に換えられますか？

① 学生の時、私はすべての科目の中で数学が1番好きだった。
② 君はあの先生に叱られたことがある？
③ 昨日僕たちが会った女の人は彼の叔母さんです。

　どうでしょうか？瞬間的に口から出すのはなかなか難しいのではないでしょうか？しかし、英語を話せる話せないを分ける分水嶺はこうしたことができるかできないかです。

英文例を挙げておきましょう。

---

① When I was a student, I liked mathematics（the）best of all the subjects.
② Have you ever been scolded by that teacher?
③ The woman（whom / that）we saw yesterday is his aunt.

英文を見てしまうと「なーんだ」というレベルでしょう。しかし、英文を見ればなんなく理解できるけれど、自分では口頭で即座に作れないという人は、**中学英語が「わかる」から「できる」に移行していない**のです。英語を話せる人というのは、自然な経験を通じてだろうと、意識的な訓練によってだろうと、必ずこうした基本文型の使いこなしをマスターしています。

簡単な英文を楽にたくさん作って英作文回路を作る

　そもそもなぜ多くの学習者は本来単純なこのトレーニング方法を見過ごしてしまうのでしょうか？大きな原因の1つは、英語が学校や受験の科目になっていることです。学課というものは学生の知的能力を伸ばすことが目的ですから、その成果を測るテストはあくまでも知的な理解を確かめるものだけとなりがちです。ですから、自然な言語使用では絶対条件となるスピードを身につけることはおろそかにされ、知的な理解が得られただけで次々により難しいレベルに移って行き、結果として、ネイティブ・スピーカーでも敬遠するような難解な英文を読み解けるのに、簡単な会話さえままならないという悲喜劇が生じることになります。

　英語を言葉として自由に使いこなすという目的から見た非現実さは、100メートルを1分かけて走るのに例えられます。オリンピック選手は100メートルを10秒前後で駆け抜け、小学生でも20秒以内で走ることができます。英語を難解な文法パズルと考えることから脱却して簡単な文をスピーディーに大量に作ってみてください。そうすれば、逃げ水のように捉えがたかった「英語を話せるようになる」という目標は達成されるのです。

　「英文を大量に作るなんてしんどい」という人は、まだ英語を学課としてしか見ない呪縛から解き放たれていません。瞬間英作文は、受験勉強の構文暗記や英作文とは全く違います。学課英語では、基本的な文型に習熟することなく、やたらと複雑な文を覚えようとしますから、いきおい理解・実感の伴わないゴリゴリとした暗記になってしまいます。また大学受験の英作文問題の多くは長大で抽象的な内容で、基本文型の使いこなしさえできないほとんどの受験生

にとっては手の届かないレベルです。まるで、大学受験のレベルとはかくあるべきという出題側の面子で出題されているとさえ思えるものです。受験生の大半は、整然とした英文を書くことなどできませんから、英作文問題は捨てるか、ところどころで部分点を稼ぐことで精一杯です。

　瞬間英作文で行うのは次のような英作文です。

① あれは彼のかばんです。
→That is his bag.

② これは彼女の自転車ですか？
→Is this her bicycle?

③ これは君の本ですか？
→Is this your book?

④ あれは彼らの家ではありません。
→That is not their house.

⑤ これはあなたの部屋ではありませんよ。
→This is not your room.

引き金となる日本語を見て英語を口にすることは暗記という感じではないでしょう。中学英語が頭に入っている人にとっては文型や語彙のレベルでまったく負荷がかからないし、同じ文法項目が連続的に扱われているからです。

　瞬間英作文トレーニングではまずこのレベルの英文を文型別に作ることを行います。肝心なことはスピード、量です。多くの学習者はわかっているとはいいながら、上に挙げたような文でも口頭で行うとなると、ばね仕掛けから程遠く、とつとつとした口調になってしまいます。トレーニングを続けて、普通に話すペースで次から次へと英文が口から飛び出してくるようにすることが必要です。

　ただ、一旦発想を変え、一定期間トレーニングを行えば、このような**英作文回路**を自分の中に敷設することは大した難事ではありません。今まで見過ごしていたかもしれない瞬間英作文トレーニングに是非取り組んでみてください。あなたの英会話力に革命が起こるに違いありません。

ステージ進行

　瞬間英作文トレーニングは3つのステージに分けられます。各ステージで目的とする能力をしっかりつければトレーニングを効率的に進めて行くことができます。

第1ステージ

　英作文回路の基礎を作る最初のそして最も重要なステージです。このステージの目標は中学レベルの文型で正確にスピーディーに英文を作る能力を身につけることです。素材としては、文法・文型別に瞬間英作文ができるものを使います。語彙や表現に難しいものが一切入っていない、**英文を見てしまえば馬鹿らしいほど易しいもの**を使ってください。多くの人はここで色気を出して、難しい表現や気が利いた表現を散りばめた例文集を使おうとしますが、これが走り出したばかりのところで躓く大きな原因なのです。

　when 節を練習する例文として、「販売部長の売上報告を聞いた時、社長は即座に次の四半期の戦略を思い描いた」といった例文を使うと、「販売部長」、「売上報告」「四半期」「戦略を思い描く」などという表現を考えたり覚えたりすることでエネルギーを使い、負担がかかってしまいます。これに対し、「彼が外出した時、空は青かった」という程度の例文なら負担がほとんどないので、同じ時間でたくさんの英文を作り出すことができます。そして、英語を自由に話す能力の獲得のためには、簡単な英文をスピーディーに、1つでも多く作った人が勝ちなのです。

高度で気の利いた表現の獲得は第3ステージで取り組む課題です。そして、第1ステージで基本文型を自由に扱える能力を身につけた人ならば、第3ステージで心置きなく、楽々と英語の表現を拡大していくことができます。

第2ステージ

　第2ステージでも対象は依然として中学レベルの文型です。しかし、このステージでは第1ステージから1歩進んで、文型別トレーニングから、応用力の養成へと移行します。第1ステージでは同じ不定詞だったら不定詞、受動態だったら受動態というように同じ文型ごとに行っていた瞬間英作文トレーニングを、ばらばらの順番で、あるいは複数の文型が結合した形で行います。第1ステージは同じ文型が並んでいますから、言わば直線コースをまっしぐらに走るようなもので、スピードをつけるのに最適です。

　第2ステージでは、文型の転換や結合が目まぐるしく起こるので、まっすぐ走った直後にさっと曲がったり、反転したりと変化の多いコースを走るのに似て、実際に英語を話す時に必要な応用力や反射神経を磨くことができます。

　素材としては英文が文型別に並んでおらず、トランプを切るようにばらばらにシャッフルして配置されたものを使用します。ただ、市販の文型集・例文集はほとんどが文法・文型ごとに文が並んでいます。でも、心配することはありません。本来文型集・例文集として作られてはいないものの、シャッフル文例集として使えるものがたくさんあるからです。中学英語テキストのガイドや高校入試用英語長文集がそれです。これらは内容が会話や物語の体裁になっているので同じ文型が連続して並んでいることがなく、自然のシャッフ

ル教材として使えます。瞬間英作文トレーニングではこれらを使い、日本語訳から逆に英文を再生するのです。

　特に高校入試用英語長文集は優れモノです。教科書ガイドよりはるかに英文の量が多い上、ガイドが2000円前後と値が張るのに対し非常に廉価です。次々と異なる文型が現れ、文章も長いので非常に力のつく素材です。最初はかなり歯ごたえを感じるでしょうが、文型・語彙・表現はすべて中学レベルなので、記憶力に負担がかかるものではありません。
　もちろん個人差はありますが、数冊消化してしまうと、このレベルの英文なら初見でもすらすら英文が出てくるようになります。ここに至れば第2ステージも完成です。英語を話すために必要な英作文回路があなたの中にしっかりと設置されています。

　本書はこの第2ステージ用のトレーニング教材です。

第3ステージ

　いよいよ最終段階の第3ステージです。このステージでは第2ステージまではめていた中学文型の枠をはずし、あらゆる文型・表現を習得していきます。とはいっても、中学文型の使いこなしをマスターした後では、かつては難しく感じた構文も実はさしたることはないことを実感できるでしょう。高校以降で習ういわゆる難構文も実は中学文型の結合や、ほんの少し付け足したにすぎないからです。

　また、英語の文型というのは無限にあるものではないので、文型の習得というのはほどなく終わってしまいます。これに対して、語彙・表現というのは数に限りがありません。母語の日本語でさえ、すべての表現を知り尽くすのは不可能です。

　表現の豊かさは、年齢や読書量や教養によって大きく異なります。つまり、第3ステージには終了がないのです。目的や目標レベルに合わせ、どれだけ続けていくかは自己判断に委ねられます。

　第2ステージまでで英作文回路が完成していますから、新しい語彙・表現をストックしていくことは快適な作業です。対象となる表現が盛られている英文を唱えることはいともたやすいからです。多くの人は英語の勉強とは単語や表現を暗記することだと勘違いして、英作文回路がないのに単語集や表現集の類に取りかかってしまいます。第1ステージ、第2ステージを飛ばして、いきなり第3ステージから始めてしまうわけです。当然、結果は芳しくないものとなります。例文を口にしようとしても、基本的な英文を自由に操作できる体質がありませんから、ゴリゴリした辛い暗記になってしまいます。苦労していくつかの表現を覚えてもそれを差し込むべき文が素早く作れないので、せっかく覚えた表現も記憶の倉庫で埃をかぶり、やがて蒸発してしまいます。

本書で勧めるように、各ステージをしっかり踏んでいけば、このようなループを脱し、無理なく着実に英語を話す力を身につけることができます。第3ステージに足を踏み入れ、しばらくトレーニングを続けた時点で、英語を外国語として十分に使いこなせるようになっているでしょう。第3ステージはいわば収穫のステージと言えます。しかし、豊かな収穫を得るためには、第1ステージでしっかりと土を耕し、種を蒔いておくことが必要です。

＊この項は『どんどん話すための瞬間英作文トレーニング』『おかわり！どんどん話すための瞬間英作文トレーニング』と共通です。

トレーニングの指針

文型シャッフル英作文の狙い

　本編では、瞬間英作文の第2ステージのトレーニングを行います。第1ステージでは、まず基礎固めということで、文型ごとに配列された練習問題を使い、同じ文型を使った英作文を連続的に行いました。第2ステージでは、このような規則的かつ連続的な配列ルールを取り払い、次々と異なる文型が現われる英作文を行います。文型をトランプのように切る（シャッフルする）のです。

　ボクシングを習い始めた練習生は、まず、鏡の前でジャブ、ストレート、ダッキング、ヘッド・スリップといった攻防の基本動作を1つずつ繰り返し、正しい技術を身体に染み込ませます。しかし、試合ができるレベルに達するためには、スパーリングという実戦形式の練習を積む必要があります。相手が自由にパンチを打ち込んでくるこの練習を経て、練習生は初めて、反復動作で身につけた個々の技術を、攻防の流れの中で、瞬時に応用的に使っていくことを会得していきます。

　サッカーでも、ドリブル、パス、シュートのような基本技術を個々に練習した後、ゲームの流れの中で、瞬間的に、これらの技術のどれを使うか、また、つなぎ合わせるかを会得するための応用的な練習をするでしょう。

これと同じように瞬間英作文トレーニングでも、使用される文型がばらばらに並ぶシャッフル英作文を経て、なにかを言おうとするとき、第1ステージで身体に刻み込んだ文型を、必要に応じて、即座に引き出し、使うアクセス能力、即ち、真の英作文回路を完成させることができます。

　1つ注意しておきたいのは、シャッフル英作文を効果的に進めるには、第1ステージのトレーニングが終わり、個々の文型がしっかり身についていることが前提だということです。このステップをとばしてしまうと、文型にアクセスして、引き出そうにも、その引出しに鍵が掛かっていたり、挙句は、強引にこじ開けても、引出しが空っぽということになります。最初の1歩は、何にも増して大切です。基本技術の反復練習をしなかったボクシング練習生がいきなりスパーリングに挑んでも、まったく技術を欠いた、素人の喧嘩のようになってしまうのと同じです。

トレーニング法

シャッフル英作文トレーニングは、基本的には、次の様に行うといいでしょう。

①日本語文を見て、口頭で英文を作る。

日本語文を、英文を呼び出す引き金として用います。長考せずに、瞬時から数秒のうちに英文を作ってください。第1ステージをしっかりとやりこんだ人なら、どのように英文を作ったらよいのか途方にくれるということは、そう頻繁に起こらないでしょう。しかし、第1ステージでは、約束事で、同文型ごとに編纂された教材を使いますから、どの文型を使うのか、ということはあまり問題になりません。従って、アクセスしにくい文型が分散的に残ることがあります。シャッフル英作文は、こうした、とっさに引き出しにくい、苦手の文型を探し出すのに非常に有効です。

②英文を見て答え合わせ

長々と考え込まず、すぐに模範英文を見て答え合わせをします。ただ、アクセスしにくい苦手の文型でも、第1ステージを終えていれば、模範英文を見て、なぜこのような英文になるか理解・納得することは難しくないでしょう。

③英文を口に落ち着ける

　もっとも大切なステップ。理解・納得した英文を、ノーマル・スピードで滑らかに言えるまで、数回唱えて口に落ち着けます。必要なら数回英文を見て音読をして、それから目を離し、数回諳（そら）んじます。このとき、英文が空虚な音にならないように気をつけます。文型理解、意味、そして自分がその英文を主体的に口にしているような実感を込めてください。

　ただ、第1ステージを完成している学習者は、模範英文をさっと確認してしまえば、ほとんどの場合、英文を見ずに、いきなり英文を諳んじることができるでしょう。①～③のステップは第1ステージと同じですが、基本練習を終えていれば、所要回数・時間、負荷が際立って減少します。工作でいえば、第1ステージはパーツの製作や組み立て作業ですが、第2ステージは、最後のヤスリかけ、ニス塗りのようなものです。欠かすことのできない大切な行程ですが、完成1歩手前の作品が目の前にあり、ずっと負担が軽く、楽しい作業です。

　このように、トレーニングというものは、基本過程をしっかりやっておくと後に行くほど、しんどさが減り、楽しくなっていくものです。

　1ページ10の文について①～③のステップを行ったら、次のページへと進み、同じ流れで、最後まで全部で700の文のトレーニングを1サイクル終えます。

　同じように第2サイクル、第3サイクル…とサイクル回しを重ね、すべての英作文が瞬間的に行えるようにします。

前著『どんどん話すための瞬間英作文トレーニング』『おかわり！どんどん話すための瞬間英作文トレーニング』では、全体をいくつかの部分に切ってトレーニングする、セグメント分割を紹介しました。第1ステージをはじめたばかりの段階では、とにかく基本文型を身体に定着させたいので、狭い範囲で繰り返し、効率的に刷り込みを起こす工夫です。瞬間英作文では意識的な暗記を極力避けます。学生時代の定期試験の勉強と異なり、言語の使用能力をつけるためには、ごりごりの暗記はほとんど役に立たず、むしろ有害なことの方が多いものです。しかし、第1ステージでは、同じ文型を連続的に扱うほか、このセグメント分割により、目的化しない、自然に起こる記憶をサポートとして使います。

　しかし、**第2ステージでは、記憶に頼らず、仕込んだ文型へのアクセス能力を磨くために、基本的に、セグメント分割を行わず、700文全体についてサイクル回しをします。**

CD の使い方

　本編の700文は、前書『どんどん話すための瞬間英作文トレーニング』と同じく、日本語→ポーズ→英語の順序で録音されています。日本語文を引き金にして、ポーズの間に英文を作成する練習をすると、文字による視覚的な練習とは異なるトレーニング効果を得られます。是非十分に活用してください。

　数回文字テキストでサイクル回しをした後、CDを使ったサイクル回しに移って行くと、順調にトレーニングが進められるでしょう。

　比較的力のある方は、序盤からCDを使ったトレーニング主体でサイクル回しを進めていってもいいでしょう。
　ただ、その場合も、冠詞や、時制、数、前置詞などの細かな間違いには気をつけて、時々テキストで確認することを怠らないでください。

シャッフル英作文 トレーニング手順

❶〜❸ 1枚ずつ、3つのステップを流れるように行うよ。10文終わったら次のページへ。

❶ 日本語文を見て英作文

❷ 英文を見て答え合わせ

❸ 英文を口に落ち着ける

サイクル回し

❶〜❷ 日本語を引き金にして反応する。決して考え込まないで、すぐに英文を見て答え合わせ。

❸ 最重要ステップ。ノーマルスピードで、なめらかに。

700文終わったら、はじめに戻りサイクル回し。CDも使ってね！どんどん負荷が減って速くなっていくよ！

文型シャッフル英作文
トレーニングの仕方

1つずつ文型が異なる文でトレーニングします。

「引き金」の日本文に反射的に反応して英文を作ります。

文字によるトレーニングと併行してCDで音声に反応するトレーニングを行います。

---

1 🐰 DISC ① TRACK 01

❶ 僕の父は今風呂に入っています。

❷ あなたはギリシア料理を食べたことがありますか？

❸ あなたのお父さんはおうちにいますか？― いいえ、いません。

❹ あれはトムの兄弟たちです。

❺ 私の望みはいつまでもあなたと一緒にいることです。

❻ 彼に英語を教えている女性はカナダ出身です。(関係代名詞を使用)

❼ ボブはお腹が空き過ぎて勉強できなかったのですか？

❽ 彼の次の小説はこれより短いでしょう。

❾ あなたは昼食に何を食べましたか？

❿ その教室は生徒たちによって毎日掃除されます。

【使用語句】② ギリシア料理 Greek food ⑤ 望み wish

ワンポイント 😈 アドバイス ①現在進行形 ②現在完了 ③be 動詞の文 ④be 動詞の文 ⑤to 不定詞の名詞的用法 ⑥関係代名詞（主格） ⑦too ~ to ⑧比較級 単純未来の will ⑨一般動詞過去形 疑問詞 what ⑩受動態

30

使うべき文型が指示されています。

日本文 → ポーズ → 英文

ここで瞬間英作文！

六つ子がぁ

① My father is taking a bath now.

② Have you ever had Greek food?

③ Is your father at home ? — No, he isn't.

④ Those are Tom's brothers.

⑤ My wish is to be with you forever.

⑥ The woman who [that] teaches him English is from Canada.

⑦ Was Bob too hungry to study?

⑧ His next novel will be shorter than this one.

⑨ What did you eat for lunch?

⑩ The classroom is cleaned by the students every day.

日本語に対応する英文です。答え合わせだけで済ませず、必ず数回、口に落ち着けます。

＊本編では中学レベルの文型が使用されています。学習が終わっていることを前提にしています。

START!

❶ 僕の父は今風呂に入っています。

❷ あなたはギリシア料理を食べたことがありますか？

❸ あなたのお父さんはおうちにいますか？ ― いいえ、いません。

❹ あれはトムの兄弟たちです。

❺ 私の望みはいつまでもあなたと一緒にいることです。

❻ 彼に英語を教えている女性はカナダ出身です。（関係代名詞を使用）

❼ ボブはお腹が空き過ぎて勉強できなかったのですか？

❽ 彼の次の小説はこれより短いでしょう。

❾ あなたは昼食に何を食べましたか？

❿ その教室は生徒たちによって毎日掃除されます。

【使用語句】②ギリシア料理　Greek food　⑤望み　wish

ワンポイント　アドバイス　①現在進行形　②現在完了　③be 動詞の文　④be 動詞の文　⑤to 不定詞の名詞的用法　⑥関係代名詞（主格）　⑦too ~ to　⑧比較級　単純未来の will　⑨一般動詞過去形　疑問詞 what　⑩受動態

① My father is taking a bath now.

② Have you ever had Greek food?

③ Is your father at home ? — No, he isn't.

④ Those are Tom's brothers.

⑤ My wish is to be with you forever.

⑥ The woman who [that] teaches him English is from Canada.

⑦ Was Bob too hungry to study?

⑧ His next novel will be shorter than this one.

⑨ What did you eat for lunch?

⑩ The classroom is cleaned by the students every day.

① この機械は女性でも運べるほど軽い。

② 虎はライオンより大きいのですか？

③ 今日の午後やってくる男性は、ブラウンさんの生徒だったんだよ。

④ 明日あなたは彼女に会うことができるでしょう。

⑤ その男性たちによってその大きな岩は動かされた。

⑥ どれが彼の自転車ですか？

⑦ 彼はいくつドーナツを食べましたか？

⑧ すぐにロバートに電話しなさい。

⑨ あれはこの町でもっとも高い建物です。

⑩ 私は3年ドイツ語を習っています。

【使用語句】⑦ ドーナツ doughnut

ワンポイント アドバイス ①〜enough to ②比較級
③関係代名詞（主格） be going to ④be able to ⑤受動態 ⑥疑問詞 which
⑦how many〜 ⑧命令文 ⑨最上級 ⑩現在完了進行形

❶ This machine is light enough for women to carry.

❷ Are tigers bigger than lions?

❸ The man who [that] is going to come this afternoon was Mr. Brown's student.

❹ You will be able to meet her tomorrow.

❺ The big rock was moved by the men.

❻ Which one is his bike?

❼ How many doughnuts did he eat?

❽ Call Robert at once.

❾ That is the tallest building in this town.

❿ I have been learning German for three years.

3

① 2月は1月より短い。

② 彼女は料理が得意だと思いますか？

③ 彼女の名前は多くの人に知られていました。

④ この窓の開け方がわかりません。

⑤ 2時間以上走っているその少年は疲れているように見える。

⑥ このシャツは彼が着るには小さすぎるでしょう。

⑦ これらは誰の本ですか？

⑧ あれらはなんて美しい花なのでしょう！

⑨ ナンシーが今どこにいるか知っていますか？
― いいえ、知りません。

⑩ このりんごを食べてもいいですか？ ― はい、いいですよ。

【使用語句】⑥ シャツ　shirt

ワンポイント　アドバイス　①比較級　②that節　③受動態
④疑問詞 + to 不定詞　⑤関係代名詞（主格）一般動詞の svc　⑥too ~ to
⑦疑問詞 whose　⑧感嘆文　⑨間接疑問文　⑩助動詞 may

① February is shorter than January.

② Do you think (that) she is good at cooking?

③ Her name was known to many people.

④ I don't know how to open this window.

⑤ The boy who [that] has been running for more than two hours looks tired.

⑥ This shirt will be too small for him to wear.

⑦ Whose books are these?

⑧ What beautiful flowers those are!

⑨ Do you know where Nancy is now?
— No, I don't.

⑩ May I eat this apple? — Yes, you may.

だめ〜っ!!
僕のだよ〜!!

① これは世界でもっとも有名な物語の一つです。

② 彼はいつそこに行ったのですか？

③ ジャックはトムより女の子に人気がある。

④ 何者かに窓が割られた。

⑤ 彼が部屋に入った時、皆が彼を見た。

⑥ 私は、彼女はその少女たちの中で一番注意深いと思います。

⑦ エミリーは新しい車を買いたがっている。

⑧ あの国は観光旅行者が訪問するには危険すぎる。

⑨ ナンシーはあの店で彼を見て驚いた。

⑩ その女性はあなたと同じくらい背が高い。

【使用語句】⑥ 注意深い　careful　⑧ 観光旅行者　tourist

ワンポイント　アドバイス　①最上級　②疑問詞 when　③比較級　④受動態　⑤when の副詞節　⑥that 節　最上級　⑦不定詞の名詞的用法　⑧too ~ to　⑨不定詞の副詞的用法（感情の原因）　⑩原級比較

❶ This is one of the most famous stories in the world.

❷ When did he go there?

❸ Jack is more popular among girls than Tom.

❹ The window was broken by someone.

❺ When he went into the room, everyone looked at him.

❻ I think (that) she is the most careful of the girls.

❼ Emily wants to buy a new car.

❽ That country is too dangerous for tourists to visit.

❾ Nancy was surprised to see him in that store.

❿ The woman is as tall as you.

5 DISC ① TRACK 05

❶ このドレスはあのドレスより高そうだ。

❷ このかばんは彼のですか、それとも彼女のですか？
― 彼女のです。

❸ 10年前、彼は上手にフランス語を話すことができた。
（able 使用）

❹ 懸命に勉強したその生徒は、試験に合格した。

❺ あなたはこの歌を聞いたことがありますか？
― はい、あります。

❻ そこで何が見せられたのですか？

❼ 彼女は娘にできるだけ早く帰ってきて欲しかった。

❽ 公園で走っている少女が見えますか？（分詞使用）

❾ 私は彼がその歌を歌うのを聞きました。

❿ この岩は大きすぎて、僕には動かせない。

【使用語句】④ 試験　exam

ワンポイント　アドバイス　①一般動詞の svc　比較級　②代名詞の所有格と独立所有格　③be able to　④関係代名詞（主格）　⑤現在完了　⑥受動態　疑問詞 what　⑦svo + to 不定詞　⑧現在分詞　⑨知覚動詞の原形不定詞　⑩too ～ to

① This dress looks more expensive than that one.

② Is this bag his or hers?
— It's hers.

③ He was able to speak French well ten years ago.

④ The student who [that] studied hard passed the exam.

⑤ Have you ever heard this song?
— Yes, I have.

⑥ What was shown there?

⑦ She wanted her daughter to come back as soon as possible.

⑧ Can you see the girl running in the park?

⑨ I heard him sing the song.

⑩ This rock is too big for me to move.

どう？
ビーバーの毛皮よ

聞きたくない！

6 DISC ① TRACK 06

❶ 日が昇るのを見に浜辺に行きましょう。

❷ この絵は祖父によって描かれました。

❸ 彼は英語より日本語を上手に話します。

❹ メアリーは自分の部屋をきちんとしておきます。

❺ ここによくやってくる猫は、とても年をとっている。

❻ 僕は昨夜遅く寝たので眠い。

❼ もし彼が今日来たら、これを渡してください。

❽ その少女はその猫にミルクをあげた。(svoo)

❾ 彼はその女性に夫にすぐ電話するように言った。

❿ 家が学校から遠いその少年は時々遅刻をする。

【使用語句】① 昇る　rise　④ きちんとした　tidy

ワンポイント アドバイス　①Let's～　知覚動詞の原形不定詞　②受動態
③比較級　④ svoc　⑤関係代名詞（主格）　⑥接続詞に導かれる従属節
⑦接続詞に導かれる従属節　⑧svoo　⑨svo + to 不定詞　⑩関係代名詞（所有格）

① Let's go to the beach to see the sun rise.

② This picture was painted by my grandfather.

③ He speaks Japanese better than English.

④ Mary keeps her room tidy.

⑤ The cat which [that] often comes here is very old.

⑥ Since [As] I went to bed late last night, I am sleepy.

⑦ If he comes today, give this to him.

⑧ The girl gave the cat some milk.

⑨ He told the woman to call her husband at once.

⑩ The boy whose house is far from school sometimes comes late.

7

DISC ① TRACK 07

① 君は彼女と結婚したいのかい？ — うん、そうだよ。

② 彼女はその男性が誰なのか知らなかった。

③ トムに話しかけた女性は誰ですか？

④ どこであなたのかばんは盗まれたのですか？

⑤ 彼女はその男性に自分を気に入って欲しかった。

⑥ 彼女はこの国で一番人気のある歌手の一人です。

⑦ あなたはじきにもっと上手に踊れるようになるでしょう。

⑧ トムは弟より遅く寝た。

⑨ 宿題を終えるまで出かけてはいけません。

⑩ 彼女はもうその物語を読んでしまったのですか？
— はい、そうです。

【使用語句】① 結婚する　marry　⑩ 物語　story

ワンポイント　アドバイス　①不定詞の名詞的用法　②間接疑問文
③関係代名詞（主格）　④受動態　疑問詞 where　⑤svo + to 不定詞　⑥最上級
⑦be able to　⑧比較級　⑨must　⑩現在完了

1. Do you want to marry her? — Yes, I do.

2. She didn't know who the man was.

3. Who is the woman who [that] spoke to Tom?

4. Where was your bag stolen?

5. She wanted the man to like her.

6. She is one of the most popular singers in this country.

7. You will be able to dance better soon.

8. Tom went to bed later than his brother.

9. You must not go out until you finish your homework.

10. Has she already read the story?
 — Yes, she has.

8 DISC①TRACK 08

① 彼の妻は友人たちと話をして楽しんだ。

② あなたのご主人はコーヒーと紅茶では、どちらの方が好きですか？ ― コーヒーの方が好きです。

③ 誰があなたに部屋を掃除するように頼んだのですか？

④ 彼女の車は君のより大きい。

⑤ 彼のいれたコーヒーは苦かった。（動詞 taste 使用）

⑥ 彼は毎週そこに行かなければならないのですか？ ― いいえ、違います。

⑦ 僕は今朝いつもより早く起きなければならなかった。

⑧ 来年ここに家が建てられるでしょう。

⑨ 彼らはその科目はとても重要であると信じていた。

⑩ 財布を盗まれたその女性は、彼のおばさんでした。

【使用語句】⑤苦い bitter ⑩財布 wallet

ワンポイント アドバイス

①動名詞 ②疑問詞 which 比較級 ③svo + to 不定詞 疑問詞 who ④比較級 ⑤関係代名詞（目的格） 一般動詞の svc ⑥have to ⑦比較級 ⑧受動態 ⑨that 節 ⑩関係代名詞（所有格） 受動態

① His wife enjoyed talking with her friends.

② Which does your husband like better, coffee or tea?
— He likes coffee better.

③ Who asked you to clean the room?

④ Her car is bigger than yours.

⑤ The coffee (which / that) he made tasted bitter.

⑥ Does he have to go there every week?
— No, he doesn't.

⑦ I had to get up earlier than usual this morning.

⑧ A house will be built here next year.

⑨ They believed (that) the subject was very important.

⑩ The woman whose wallet was stolen was his aunt.

にがっ!!

おいしい？

9 DISC ① TRACK 09

① 彼は間もなくその小説を書き終えるでしょう。

② 電話が鳴った時、彼女はすぐに目が覚めた。

③ 彼は彼女がどこに行くところなのか尋ねた。

④ 私は、今日の午後何通か手紙を書く予定です。

⑤ 私たちは落ち葉でおおわれた道（分詞使用）を歩きました。

⑥ この小説は多くの国で読まれています。

⑦ その子供たちにとってこれらの本を読むことが必要ですか？
（形式主語 it 使用）

⑧ 夕食を食べた後、彼らはダンスをして楽しんだ。

⑨ 椅子を3つ持ってきてくれますか？

⑩ このクラスで一番上手に英語を話す生徒は健です。

【使用語句】① 小説　novel

ワンポイント　アドバイス　①動名詞　②when 節　③間接疑問文
④be going to　⑤過去分詞修飾　⑥受動態　⑦形式主語 it
⑧接続詞に導かれる従属節　動名詞　⑨依頼の will　⑩関係代名詞（主格）　最上級

1. He will finish writing the novel soon.

2. When the telephone rang, she woke up at once.

3. He asked her where she was going.

4. I am going to write a few letters this afternoon.

5. We walked on the road covered with leaves.

6. This novel is read in many countries.

7. Is it necessary for the children to read these books?

8. After they ate dinner, they enjoyed dancing.

9. Will you bring three chairs, please?

10. The student who [that] speaks English (the) best in this class is Ken.

10 🐰 DISC ① TRACK 10

❶ その木は高すぎてその少年は登れなかった。

❷ ツバメはスズメよりずっと速く飛ぶ。

❸ 僕はこの本を買う必要がありますか？ — いいえ、ありません。

❹ 彼はウェイターに水を1杯持ってきてもらった。

❺ ドアを開けっ放しにするなよ。

❻ 風呂に入った後、彼はビールをグラス1杯飲んだ。

❼ 彼らがサッカーをする公園はとても大きい。

❽ あなたたちはどこで夕食を食べるつもりですか？

❾ 彼は息子に自分のコンピュータを使わせてやった。

❿ 私が彼に数学を教えましょう。(svoo)

【使用語句】② ツバメ　swallow　スズメ　sparrow

ワンポイント 😺 アドバイス　①too ～ to　②比較級　③不定詞の名詞的用法
④使役動詞の原形不定詞　⑤svoc　⑥接続詞に導かれる従属節　⑦関係副詞
⑧be going to　疑問詞 where　⑨使役動詞の原形不定詞　⑩意志未来の will

1. The tree was too high for the boy to climb.

2. Swallows fly much faster than sparrows.

3. Do I need to buy this book? — No, you don't.

4. He had the waiter bring a glass of water.

5. Don't leave the door open.

6. After he took a bath, he drank a glass of beer.

7. The park where they play soccer is very big.

8. Where are you going to have dinner?

9. He let his son use his computer.

10. I will teach him math.

これが
ネズミ算です

ぶ〜ん

11 DISC ① TRACK 11

① その猫はみんなに愛されていた。

② 君はお兄さんと同じくらい速く走れるようになるよ。

③ 私の息子は今電話で誰かと話しています。

④ 彼は君よりは高く跳べる。

⑤ 彼が日本に帰って来た日は暖かかった。

⑥ 私が留守の間、私の猫の世話をしてくれますか？

⑦ その科目を勉強するのは、彼女にとって退屈だった。
（形式主語 it 使用）

⑧ 彼らは突然走るのをやめた。

⑨ その夜たくさんの流れ星が見られた。

⑩ この本は彼女のものです。

【使用語句】⑥ 留守である　be away　〜の世話をする　take care of 〜　⑦ 退屈な　boring
⑨ 流れ星　falling star

ワンポイント アドバイス　①受動態　②原級比較　③現在進行形　④比較級
⑤関係副詞　⑥接続詞に導かれる従属節　依頼の will　⑦形式主語 it　⑧動名詞
⑨受動態　⑩所有代名詞

① The cat was loved by everyone.

② You will be able to run as fast as your brother.

③ My son is talking to somebody on the phone now.

④ He can jump higher than you.

⑤ It was warm on the day when he came back to Japan.

⑥ Will you please take care of my cat while I am away?

⑦ It was boring for her to study the subject.

⑧ They stopped running suddenly.

⑨ A lot of falling stars were seen that night.

⑩ This book is hers.

つまんねえ〜!!

HARLE CAT QUIN ROMANCES

12 DISC ① TRACK 12

❶ この指輪は高すぎて私には買えないわ。

❷ このドアを開けてはいけません。

❸ あの言語は、今は話されていません。

❹ ステージで歌っている少女はナンシーですか？（分詞使用）

❺ 彼らにどこに行くべきか教えてあげなさい。

❻ 突然その人形は動き始めた。

❼ これらの壁を白く塗ってくれますか？

❽ トムはお兄さんと同じくらい頭がいい。

❾ あなたはどこであのセーターを買ったのですか？

❿ 雨が降り始める前に、そこに到着したい。

【使用語句】① 指輪 ring　③ 言語 language　④ ステージで on the stage
　　　　　 ⑨ セーター sweater

ワンポイント アドバイス
①too ~ to　②must　③受動態
④現在分詞修飾　⑤疑問詞 + to 不定詞　⑥不定詞の名詞的用法　⑦依頼の will
⑧原級比較　⑨疑問詞 where　⑩不定詞の名詞的用法　接続詞に導かれる従属節

1. This ring is too expensive for me to buy.

2. You must not open this door.

3. That language is not spoken now.

4. Is the girl singing on the stage Nancy?

5. Tell them where to go.

6. Suddenly the doll began to move.

7. Will you paint these walls white, please?

8. Tom is as smart as his brother.

9. Where did you buy that sweater?

10. I want to get there before it begins to rain.

13 DISC ①TRACK 13

❶ どこでそれを見つけたのか私に言いなさい。

❷ 彼らはとても幸せそうです。

❸ グリーン氏は、美しい庭のある素晴らしい家に住んでいます。
（関係代名詞使用）

❹ 彼は他の人たちよりも長く働くのですか？
— はい、そうです。

❺ 彼はその日、祖母を訪ねる予定であった。

❻ 宿題をした後、その少年は友だち（複数）と公園で遊んだ。

❼ 彼女は一日中姉と一緒にいた。

❽ あなたはよくこのホテルに泊まるのですか？
— はい、そうです。

❾ メアリーはナンシーと同じくらい美しい。

❿ 明日ここにはたくさんの人がいるでしょう。

【使用語句】⑥ 宿題をする　do one's homework

ワンポイント アドバイス　①間接疑問文　②一般動詞の svc
③関係代名詞（主格）　④比較級　⑤be going to　⑥接続詞に導かれる従属節
⑦be 動詞の文　⑧一般動詞の疑問文　⑨原級比較　⑩There is (are) ～

① Tell me where you found it.

② They look very happy.

③ Mr. Green lives in a wonderful house which [that] has a beautiful garden.

④ Does he work longer than the other people?
― Yes, he does.

⑤ He was going to visit his grandmother that day.

⑥ After he did his homework, the boy played with his friends in the park.

⑦ She was with her sister all day.

⑧ Do you often stay at this hotel?
― Yes, I do.

⑨ Mary is as beautiful as Nancy.

⑩ There will be a lot of people here tomorrow.

14

DISC ① TRACK 14

❶ この時計はあなたのですか？

❷ あの背の高い少年は誰ですか？ ― ピーターです。

❸ この村で一番高齢なのは誰ですか？

❹ 私の娘は映画スターになりたがっています。

❺ 彼は公園を走っていました。

❻ あなたのお兄さんは普通何時に寝ますか？

❼ どのようにあなたは彼と知り合ったのですか？

❽ 彼はいつも宿題をしますか？ ― はい、します。

❾ 彼女はトムが大好きです。

❿ 英語を上手に話すあの少年は長い間アメリカに住んでいたのですか？

【使用語句】④映画スター movie star ⑦知り合う get to know

ワンポイント アドバイス ①所有代名詞 ②疑問詞 who
③最上級　疑問詞 who ④不定詞の名詞的用法 ⑤過去進行形
⑥What time～？ ⑦疑問詞 how ⑧一般動詞の疑問文 ⑨一般動詞

① Is this watch yours?

② Who is that tall boy? — He is Peter.

③ Who is the oldest in this village?

④ My daughter wants to be a movie star.

⑤ He was running in the park.

⑥ What time does your brother usually go to bed?

⑦ How did you get to know him?

⑧ Does he always do his homework? — Yes, he does.

⑨ She likes Tom a lot.

⑩ Did that boy who [that] speaks English well live in America for a long time?

⑩関係代名詞（主格）

15 DISC ① TRACK 15

❶ 家に何か食べるものがあるかい？

❷ 木の葉はいつ黄色くなりますか？

❸ 今日はとても天気がいいので私は家にいたくない。（so ~ that 使用）

❹ 彼は誰もが知っている俳優です。

❺ 彼女は彼とできるだけ頻繁に会いたがっている。

❻ 父は今新聞を読んでいます。

❼ 彼女のお母さんは美しいですか？ — はい、そうです。

❽ その男性と会うのは難しいでしょう。（形式主語 it 使用）

❾ 富士山を見た時、その子供は叫び始めた。

❿ 私は彼女に会ったことが一度もありません。

【使用語句】② 木の葉　leaf（複 leaves）

ワンポイント　アドバイス　①不定詞の形容詞的用法　There is (are) ~
②一般動詞の svc　③so ~ that…　④関係代名詞（目的格）　⑤as ~ as one can
⑥現在進行形　⑦be 動詞の疑問文　⑧形式主語 it　⑨when 節　⑩現在完了

❶ Is there anything to eat at home?

❷ When do leaves turn yellow?

❸ It is so sunny today that I don't want to stay at home.

❹ He is an actor (whom / that) everyone knows.

❺ She wants to see him as often as she can. / She wants to see him as often as possible.

❻ My father is reading the newspaper now.

❼ Is her mother beautiful? — Yes, she is.

❽ It will be difficult to meet the man.

❾ When he saw Mt. Fuji, the child began to cry.

❿ I have never met her.

16

DISC ① TRACK 16

1. あなたの息子さんはあの学校で勉強することをもう決めてしまったのですか？ ― はい、そうです。

2. 私の妻は何度もスペインに行ったことがあります。

3. 彼女はフランス語を話すのが好きです。

4. テーブルの上に花がありますか？

5. 彼女はその作家がどこで生まれたか知っていますか？

6. 誰が君にその話をしたんだい？

7. その鳥は泳ぐことができますか？

8. その少年は毎朝4時に起きなければならない。

9. 彼女は夫に愛していると言って欲しかった。

10. 私が数学を教えている少女はとても頭がいい。

【使用語句】②スペイン Spain ③フランス語 French ⑤作家 writer ⑩数学 math

ワンポイントアドバイス ①現在完了　不定詞の名詞的用法　②現在完了　③動名詞　④There is (are) ～　⑤間接疑問文　⑥疑問詞主語　⑦can　⑧has to　⑨svo + to 不定詞　that 節　⑩関係代名詞（目的格）

① Has your son already decided to study at that school?
— Yes, he has.

② My wife has been to Spain many times.

③ She likes speaking French.

④ Are there any flowers on the table?

⑤ Does she know where the writer was born?

⑥ Who told you the story?

⑦ Can the bird swim?

⑧ The boy has to get up at four o'clock every morning.

⑨ She wanted her husband to tell her (that) he loved her.

⑩ The girl (whom / that) I teach math (to) is very smart.

17

🐰 DISC ① TRACK 17

❶ 世界で最も速く走るのは誰ですか？

❷ パーティーにはたくさんの人がいましたか？

❸ 僕の母は父よりも注意深いです。

❹ 彼女は皆にジェニーと呼ばれたかった。

❺ 彼女は愛している男性と結婚しましたか？

❻ あなたは今奥さんと一緒にいますか？ ― はい、そうです。

❼ あなたは今夜奥さんとどこに行く予定ですか？

❽ 奥さんはよくあなたにレストランに連れていくように頼むのですか？

❾ 彼女は美味しい食べ物を食べるのが好きです。

❿ 彼らがディナーを食べたレストランは、3年前に開店しました。

【使用語句】③ 注意深い　careful　⑤ 結婚する　marry

ワンポイント 😼 アドバイス　①疑問詞主語　最上級　②There is〔are〕～？
③比較級　④不定詞の名詞的用法　受動態　⑤関係代名詞（目的格）　⑥be 動詞
⑦be going to　⑧svo + to 不定詞　⑨動名詞　⑩関係副詞

① Who runs (the) fastest in the world?

② Were there many people at the party?

③ My mother is more careful than my father.

④ She wanted to be called Jennie by everyone.

⑤ Did she marry the man (whom / that) she loved?

⑥ Are you with your wife now? — Yes, I am.

⑦ Where are you going to go with your wife tonight?

⑧ Does your wife often ask you to take her to restaurants?

⑨ She likes eating delicious food.

⑩ The restaurant where they had dinner opened three years ago.

18 DISC ① TRACK 18

❶ 彼は再びその問題を解こうとした。

❷ 私の弟は先生になるでしょう。

❸ 母親がピアニストであるその少女は歌手になりたがっている。

❹ 彼女は夫よりお金を稼ぐ。

❺ ナンシーは話し相手が欲しかった。

❻ 僕が彼女とレストランでディナーを食べた夜は、雪が降っていた。

❼ とても寒いので私は何か熱い飲み物が欲しい。(so～that 使用)

❽ これは祖父が僕に買ってくれたかばんです。

❾ 彼はサッカーの試合を見にスペインに行った。

❿ 今、日本は涼しいですか？ ― はい、そうです。

【使用語句】① 問題　problem　解く　solve　③ ピアニスト　pianist　歌手　singer
　　　　　　⑨ サッカー　soccer　スペイン　Spain

ワンポイント　アドバイス　①不定詞の名詞的用法　②単純未来の will
③不定詞の名詞的用法　④比較級　⑤不定詞の形容詞的用法　⑥関係副詞
⑦so～that…　⑧関係代名詞の目的格　⑨不定詞の副詞的用法（目的）

1 He tried to solve the problem again.

2 My brother will be a teacher.

3 The girl whose mother is a pianist wants to be a singer.

4 She earns more money than her husband.

5 Nancy wanted someone to talk to.

6 It was snowing (on) the night when I had dinner at the restaurant with her.

7 It is so cold that I want something hot to drink.

8 This is the bag (which / that) my grandfather bought for me.

9 He went to Spain to see soccer games.

10 Is it cool in Japan now? — Yes, it is.

⑩漠然としたものを受ける it

19

DISC ① TRACK 19

❶ 3人の中で、トムが一番年下でした。

❷ 彼女は私が好きな歌手の一人です。

❸ あの美しい女性はボブのお母さんです。

❹ その本を読んだ時、彼女はとても幸福に感じた。

❺ あなたはなぜ奥さんにそんなことを言ったのですか？

❻ 彼は毎日その店に行くのですか？ ― はい、そうです。

❼ ベティーに優しくしてあげなさい。

❽ 僕はこの本を2回読んだ。

❾ あの子供たちはとても頭が良い。

❿ フランスは、私の妻が行きたがっている国です。

【使用語句】⑦ 優しい nice

ワンポイント アドバイス ①最上級 ②関係代名詞（目的格） ③be動詞 ④when節 ⑤疑問詞 why ⑥一般動詞の疑問文 ⑦命令文 ⑧一般動詞 ⑨be動詞 ⑩関係副詞

① Tom was the youngest of the three.

② She is one of the singers (whom / that) I like.

③ That beautiful woman is Bob's mother.

④ When she read the book, she felt very happy.

⑤ Why did you say such a thing to your wife?

⑥ Does he go to the store every day? — Yes, he does.

⑦ Be nice to Betty.

⑧ I read this book twice.

⑨ Those children are very smart.

⑩ France is the country where my wife wants to go.

20 DISC ① TRACK 20

❶ あなたは明日、今日よりずっと具合がよくなるでしょう。

❷ 彼には（彼を）助けてくれる多くの友だちがいた。（不定詞使用）

❸ 壁にかかっている絵（分詞を使用）は、僕の祖母によって描かれました。

❹ あなたは明日彼に会う予定なのですか？ ― はい、そうです。

❺ 彼の言葉は彼女をとても幸せにした。

❻ この本はあの本より難しい。

❼ ルーシーは自分の部屋にいます。

❽ 彼女はとても料理が上手だったので、自分自身のレストランを開いた。（so～that 使用）

❾ あなたのお兄さんはあなたより強いですか？
― はい、そうです。

❿ あなたは先週何度あの店に行きましたか？

【使用語句】③掛る　hang

ワンポイント　アドバイス　①一般動詞の svc　比較級
②不定詞の形容詞的用法　③現在分詞修飾　受動態　④be going to　⑤svoc
⑥比較級　⑦be 動詞　⑧so～that…　⑨比較級　⑩How many～？

1. You will feel much better tomorrow than today.

2. He had a lot of friends to help him.

3. The picture hanging on the wall was painted by my grandmother.

4. Are you going to see him tomorrow? — Yes, I am.

5. His words made her very happy.

6. This book is more difficult than that one.

7. Lucy is in her room.

8. She was so good at cooking that she opened her own restaurant.

9. Is your brother stronger than you?
— Yes, he is.

10. How many times did you go to that store last week?

21 DISC ① TRACK 21

1. いつ雪が降り始めたのですか？

2. 彼女はパーティーで会ったその男性を決して忘れないでしょう。

3. 私は彼らを全員知っています。

4. 彼女の夫はお金持ちですか？ ― いいえ、違います。

5. 乗馬をしている少女はエミリーです。（分詞使用）

6. これは有名な詩人によって書かれた詩です。（分詞使用）

7. 私たちが先週見た映画はとても面白かった。

8. これは僕が今までに見たもっとも面白い映画です。

9. あの老人は彼のおじいさんですか？ ― はい、そうです。

10. 彼女はその時自分の部屋で宿題をしていました。

ワンポイントアドバイス ①不定詞の名詞的用法　疑問詞 when
②関係代名詞（目的格）　③一般動詞　④be 動詞　⑤現在分詞修飾　⑥過去分詞修飾
⑦関係代名詞（目的格）　⑧関係代名詞（目的格）　最上級　⑨be 動詞　⑩過去進行形

① When did it begin to snow?

② She will never forget the man (whom / that) she met at the party.

③ I know all of them.

④ Is her husband rich? — No, he isn't.

⑤ The girl riding the horse is Emily.

⑥ This is a poem written by a famous poet.

⑦ The movie (which / that) we saw last week was very interesting.

⑧ This is the most interesting movie (that) I've ever seen.

⑨ Is that old man his grandfather? — Yes, he is.

⑩ She was doing her homework in her room at that time.

22

DISC ① TRACK 22

① 私はなぜ彼が仕事をやめたのか知らない。

② 君が話をしていたきれいな女の子は誰なの？

③ あなたはその時彼と何をしていましたか？

④ その店を開いた時、彼女は23歳でした。

⑤ ジョンは毎日自分の部屋を掃除しますか？
― いいえ、しません。

⑥ あなたのお父さんは彼らを知っていますか？
― はい、知っています。

⑦ 君は僕にどこに連れて行って欲しいの？

⑧ 彼女はあなたと同じくらいたくさん食べることができるでしょう。

⑨ 公園を走っている犬が見えますか？（関係代名詞使用）

⑩ この仕事はとても重要なので、我々は最初にそれを終えなければならない。

【使用語句】① やめる　quit

ワンポイント　アドバイス　①間接疑問文　②関係代名詞（目的格）　疑問詞 who
③過去進行形　④when 節　⑤一般動詞　⑥一般動詞　⑦svo + to 不定詞
⑧be able to　⑨関係代名詞（主格）　⑩接続詞に導かれる従属節　have to

① I don't know why he quit his job.

② Who is the pretty girl (whom / that) you were talking to?

③ What were you doing with him then?

④ When she opened the store, she was twenty-three years old.

⑤ Does John clean his room every day?
— No, he doesn't.

⑥ Does your father know them?
— Yes, he does.

⑦ Where do you want me to take you?

⑧ She will be able to eat as much as you.

⑨ Can you see the dog which [that] is running in the park?

⑩ As (Since) this work is very important, we have to finish it first.

23 DISC①TRACK 23

❶ 僕が1時間前に机の上に置いた本がそこにない。

❷ これがその仕事をするための最良の方法です。

❸ 彼女は電車で読む本を買いたかった。(不定詞使用)

❹ その犬は毎日そこへ行きます。

❺ 暖かくなって来ています。

❻ ナンシーはできる限り速く走った。

❼ この鉛筆は誰のですか？

❽ あなたはポールと踊っていたのですか？ — はい、そうです。

❾ そのお金は全部盗まれた。

❿ 5年前僕が彼女に会った時、彼女は今よりずっと上手に日本語を話すことができた。(be able to 使用)

【使用語句】②方法　way

ワンポイント　アドバイス　①関係代名詞（目的格）
②不定詞の形容詞的用法　最上級　③不定詞の名詞的用法　不定詞の形容詞的用法
④一般動詞　⑤一般動詞のsvc　現在進行形　⑥as ～ as one can　⑦疑問詞 whose

① The book (which / that) I put on the desk one hour ago is not there.

② This is the best way to do the work.

③ She wanted to buy a book to read on the train.

④ The dog goes there every day.

⑤ It is getting warm.

⑥ Nancy ran as fast as she could. / Nancy ran as fast as possible.

⑦ Whose is this pencil?

⑧ Were you dancing with Paul? ― Yes, I was.

⑨ All the money was stolen.

⑩ When I met her five years ago, she was able to speak Japanese much better than now.

⑧過去進行形　⑨受動態
⑩when 節　be able to

24

🐰 DISC ① TRACK 24

❶ 僕はずっとこの町を訪れたかったのです。

❷ あなたのご主人は料理が得意 (good at) ですか？
― はい、そうです。

❸ 彼はシャワーを浴びているのですか？ ― いいえ、違います。

❹ 私が知っている外国人の多くが上手に日本語を話す。

❺ 庭に可愛い猫がいる。

❻ 私の夫は寝る前にジャズを聴くことを楽しむ。

❼ 君は今日の午後海に行きたいかい？
― うん、行きたい。

❽ この石はあの石より重い。

❾ 僕は7時前に帰宅するよ。

❿ あなたは昨日肉を食べましたか？

【使用語句】 ②〜が得意な be good at 〜　③シャワーを浴びる take a shower
　　　　　⑥ジャズ jazz

ワンポイント 😼 アドバイス　①現在完了　不定詞の名詞的用法
②be good at 〜　③現在進行形　④関係代名詞（目的格）　⑤There is (are) 〜
⑥動名詞　接続詞に導かれる従属節　⑦不定詞の名詞的用法　⑧比較級

❶ I have always wanted to visit this town.

❷ Is your husband good at cooking?
— Yes, he is.

❸ Is he taking a shower? — No, he isn't.

❹ Many of the foreigners (whom /that) I know speak Japanese well.

❺ There is a cute cat in the yard.

❻ My husband enjoys listening to jazz before he goes to bed.

❼ Do you want to go to the sea this afternoon?
— Yes, I do.

❽ This stone is heavier than that one.

❾ I will be home before seven.

❿ Did you eat meat yesterday?

⑨意志未来の will　⑩一般動詞の疑問文

25 DISC ① TRACK 25

❶ 英語と中国語を話せる人を誰か知っていますか？

❷ 彼女はその時からトムに会っていない。

❸ できるだけ早くあなたに会いたいです。

❹ 彼女は今晩何かすることがありますか？

❺ 彼は昨夜友人たちと飲みに行った。

❻ 母は私にその本を読ませました。

❼ 彼はそこで何本の薔薇を買ったのですか？

❽ ブラウン氏はいつ禁煙したのですか？

❾ 彼は毎週そのテレビ番組を見る。

❿ 誰がその赤ちゃんを起こしたのですか？

【使用語句】 ⑦ 薔薇 rose　⑨ テレビ番組 TV program　⑩ 起こす wake（過去形 woke）

ワンポイント アドバイス
①関係代名詞（主格）　②現在完了
③不定詞の名詞的用法　as ～ as possible　④不定詞の形容詞的用法　⑤一般動詞
⑥使役動詞の原形不定詞　⑦ How many ～ ?　⑧動名詞　⑨一般動詞

❶ Do you know anybody who [that] can speak English and Chinese?

❷ She hasn't seen Tom since then.

❸ I want to see you as soon as possible.

❹ Does she have anything to do tonight?

❺ He went for a drink with his friends last night.

❻ My mother made me read the book.

❼ How many roses did he buy there?

❽ When did Mr. Brown stop smoking?

❾ He watches the TV program every week.

❿ Who woke the baby?

火星語ト 金星語ナラ
ハナセマス

⑩疑問詞主語

26

DISC ① TRACK 26

① 彼女は薔薇と同じくらい美しい。

② あなたは毎日スパゲッティを食べるのですか？
— はい、そうです。

③ 私は、彼女はトムより年上だと思います。

④ 彼はいつインドに行ったのですか？

⑤ あの女性は20の言語を話せます。

⑥ 彼女はクリスマス（のため）にイギリスに帰りました。

⑦ 彼の言ったことは本当かもしれない。

⑧ ソファで眠っている猫はタマです。（関係代名詞使用）

⑨ 君は僕にこの記事を読んでほしいの？ — ええ、そうよ。

⑩ ピーターはこの学校でもっとも背が高い生徒です。

【使用語句】②スパゲッティ spaghetti ④インド India ⑤言語 language
⑥イギリス England ⑨記事 article

ワンポイント アドバイス ①原級比較 ②一般動詞 ③that節 比較級
④疑問詞 when ⑤can ⑥一般動詞 ⑦関係代名詞 what　may
⑧関係代名詞（主格） ⑨svo + to 不定詞 ⑩最上級

1. She is as beautiful as a rose.

2. Do you eat spaghetti every day?
 — Yes, I do.

3. I think (that) she is older than Tom.

4. When did he go to India?

5. That woman can speak twenty languages.

6. She went back to England for Christmas.

7. What he said may be true.

8. The cat which [that] is sleeping on the sofa is Tama.

9. Do you want me to read this article? — Yes, I do.

10. Peter is the tallest student in this school.

オバケが出るって
言ってたよォ

27 DISC ① TRACK 27

① この学校で勉強するのはとても楽しいでしょう。(形式主語 it 使用)

② あれは町の皆が尊敬している男性です。

③ 彼はその家を買うのに十分なお金を持っていました。

④ 彼が帰って来た時、彼女は幸せに感じた。

⑤ なぜトムは昨日何も食べなかったのですか？

⑥ おまえはテレビを見る前に宿題をしなければだめだ。(must 使用)

⑦ 私は一度もその詩を読んだことがありません。

⑧ 彼女は美しく聡明だ。

⑨ 彼はとてもお腹が空いて眠れなかった。

⑩ 彼女はその輝く星を見た。

【使用語句】①とても楽しい a lot of fun ②尊敬する respect ⑥宿題をする do one's homework ⑦詩 poem ⑧聡明な intelligent ⑩輝く shine

ワンポイント アドバイス ①形式主語 it ②関係代名詞（目的格） ③enough～to ④when 節 一般動詞の svc ⑤疑問詞 why ⑥must 接続詞に導かれる従属節 ⑦現在完了 ⑧be 動詞

❶ It will be a lot of fun to study at this school.

❷ That is the man (whom / that) everyone in the town respects.

❸ He had enough money to buy the house.

❹ When he came back, she felt happy.

❺ Why did Tom eat nothing yesterday?

❻ You must do your homework before you watch TV.

❼ I have never read the poem.

❽ She is beautiful and intelligent.

❾ Since [As] he was very hungry, he couldn't sleep.

❿ She looked up at the shining star.

⑨接続詞に導かれる従属節　⑩現在分詞修飾

28

DISC ① TRACK 28

❶ あの町には見るべきものがたくさんありましたか？

❷ 誰がこんなに美しい詩を書いたのかしら。（wonder 使用）

❸ その少女は花でいっぱいのかごを持っていました。
（関係代名詞使用）

❹ 彼のジョークは彼女を笑わせた。

❺ あの男はなんて太っているんだろう！

❻ あなたは彼の妹にどこで会ったのですか？

❼ 彼は、彼女を知っているとは言わなかった。

❽ あれはあなたの上着ですか、それとも彼のですか？
　— 彼のです。

❾ 彼女は夏より冬の方が好きです。

❿ 彼は何か言いましたか？

【使用語句】②詩　poem　③かご　basket　④ジョーク　joke　⑧上着　jacket

ワンポイント　アドバイス　①不定詞の形容詞的用法　There is (are)〜
②I wonder〜　③関係代名詞（主格）　④使役動詞の原形不定詞　⑤感嘆文
⑥疑問詞 where　⑦that 節　⑧所有格　所有代名詞　⑨比較級　⑩一般動詞

❶ Were there many things to see in that town?

❷ I wonder who wrote such a beautiful poem.

❸ The girl had a basket which [that] was full of flowers.

❹ His joke made her laugh.

❺ How fat that man is!

❻ Where did you see his sister?

❼ He didn't say (that) he knew her.

❽ Is that your jacket or his?
— It's his.

❾ She likes winter better than summer.

❿ Did he say anything?

29 DISC ① TRACK 29

❶ あれは私の息子が作った椅子です。

❷ 彼はなぜあんなに上手に日本語を話せるのですか？

❸ 10時過ぎにもう一度私に電話してください。

❹ 彼女は二度と彼らに会わないでしょう。

❺ 僕は妻をパリに連れて行きたい。

❻ あなたの娘さんはどこでこの本を見つけたのですか？

❼ ボブの車はそこに行く途中故障してしまった。

❽ あなたはここで煙草を吸ってはいけません。

❾ 彼女は1カ月に1回彼に会います。

❿ 僕は君にこの歌をもう1回聴いてほしい。

【使用語句】⑦ 故障する　break down　⑧ 煙草を吸う　smoke

ワンポイント アドバイス　①関係代名詞（目的格）　②疑問詞 why　③命令文　④will　⑤不定詞の名詞的用法　⑥疑問詞 where　⑦一般動詞　⑧must　⑨一般動詞　⑩svo + to 不定詞

❶ That is a chair (which / that) my son made.

❷ Why can he speak Japanese so well?

❸ Call me again after ten o'clock.

❹ She will never see them again.

❺ I want to take my wife to Paris.

❻ Where did your daughter find this book?

❼ Bob's car broke down on the way there.

❽ You mustn't smoke here.

❾ She sees him once a month.

❿ I want you to listen to this song again.

30 DISC ① TRACK 30

1 僕には学ぶべきことがたくさんあります。（不定詞使用）

2 あれはなんの花だろう？（wonder使用）

3 その少年はもう父親と同じくらい背が高くなりましたか？
— はい、なりました。

4 誰がドアを開けましたか？

5 彼はいつもトムと一緒にいる。

6 彼らは来週そのホテルに泊まる予定です。

7 あの詩を書いた時、彼は何歳だったのですか？

8 あれが先月開店したレストランです。

9 10時過ぎに彼女に電話するなよ。

10 その少年は青白い顔をしていた。

【使用語句】⑩ 青白い　pale

ワンポイント　アドバイス　①不定詞の形容詞的用法　②I wonder～
③原級比較　現在完了　④疑問詞主語　⑤be動詞　⑥be going to
⑦when節　How old～？　⑧関係代名詞（主格）　⑨命令文　⑩be動詞

① I have a lot of things to learn.

② I wonder what flower that is.

③ Has the boy become as tall as his father yet?
— Yes, he has.

④ Who opened the door?

⑤ He is always with Tom.

⑥ They are going to stay at the hotel next week.

⑦ How old was he when he wrote that poem?

⑧ That is the restaurant which [that] opened last month.

⑨ Don't call her after ten.

⑩ The boy was pale.

31

🐰 DISC ① TRACK **31**

❶ あの店で何か飲み物を買おうよ。

❷ あれが、彼女が会いたがっている男性なのですか？

❸ あれはとても有名な建物です。

❹ 彼女のお母さんは英語が話せますか？ ― はい、話せます。

❺ エミリーは病気なのかもしれない。

❻ 彼らが住んでいる家はとても大きい。

❼ 彼らは彼女が時間通りに来ると信じています。

❽ その女性は娘のために可愛い人形を作りました。

❾ 君は学校に自転車で行くの？ ― うん、そうだよ。

❿ ブラウンさんが最も長い演説をしたのですか？

【使用語句】⑩ 演説をする　make a speech

ワンポイント　アドバイス　①不定詞の形容詞的用法　Let's～
②関係代名詞（目的格）　不定詞の名詞的用法　③be 動詞　④can　⑤may
⑥関係副詞　⑦that 節　⑧svo + 前置詞　⑨一般動詞　⑩最上級

① Let's buy something to drink at that store.

② Is that the man (whom / that) she wants to meet?

③ That is a very famous building.

④ Can her mother speak English? — Yes, she can.

⑤ Emily may be sick.

⑥ The house where they live is very big.

⑦ They believe (that) she will come on time.

⑧ The woman made a pretty doll for her daughter.

⑨ Do you go to school by bike? — Yes, I do.

⑩ Did Mr. Brown make the longest speech?

32

DISC ① TRACK 32

1 なぜあなたは動物の写真を撮り始めたのですか？

2 あなたは彼女と会う必要はありません。

3 昨日僕は駅前で彼と会った。

4 彼らはもう夕食を食べましたか？ ― いいえ、食べていません。

5 彼らは娘をアリスと名付けた。

6 あなたは、これは良い計画だと思いますか？

7 彼女はどこでそのかばんを買ったらよいのかわかりませんでした。

8 このケーキはナンシーによって作られました。

9 彼が話している言語は何ですか？

10 これは電車で読むのに良い雑誌です。

【使用語句】⑨言語 language ⑩雑誌 magazine

ワンポイント アドバイス ①不定詞の名詞的用法 疑問詞 why ②have to ③一般動詞 ④現在完了 ⑤svoc ⑥that 節 ⑦疑問詞 + to 不定詞 ⑧受動態 ⑨関係代名詞（目的格） ⑩不定詞の形容詞的用法

① Why did you begin to take pictures of animals?

② You don't have to meet her.

③ I saw him in front of the station yesterday.

④ Have they had dinner yet? — No, they haven't.

⑤ They named their daughter Alice.

⑥ Do you think (that) this is a good plan?

⑦ She didn't know where to buy the bag.

⑧ This cake was made by Nancy.

⑨ What is the language (which / that) he is speaking?

⑩ This is a good magazine to read on the train.

33 DISC ① TRACK 33

❶ これは多くの学校で使われている教科書です。(関係代名詞使用)

❷ 僕が昨夜パーティーで会った外国人はとても上手に日本語を話した。

❸ 彼女が何を欲しがっているのか教えてください。

❹ 彼女は昨日することがたくさんあった。

❺ その犬は皆に愛されるでしょう。

❻ この湖は何と美しいのでしょう！

❼ トムは去年何冊の本を読みましたか？

❽ 彼女によって書かれたその記事は長かった。(分詞使用)

❾ あなたのおじいさんはそこに行くには年を取り過ぎている。

❿ 彼らは今図書館にいるのですか？ ― いいえ、違います。

【使用語句】① 教科書　textbook　⑧ 記事　article

ワンポイント アドバイス　①関係代名詞（主格）　受動態
②関係代名詞（目的格）　③間接疑問文　④不定詞の形容詞的用法　⑤受動態
⑥感嘆文　⑦How many～?　⑧過去分詞修飾　⑨too～to　⑩be動詞

1. This is a textbook which [that] is used in many schools.

2. The foreigner (whom / that) I met at the party last night spoke Japanese very well.

3. Please tell me what she wants.

4. She had a lot of things to do yesterday.

5. The dog will be loved by everyone.

6. How beautiful this lake is!

7. How many books did Tom read last year?

8. The article written by her was long.

9. Your grandfather is too old to go there.

10. Are they at the library now? — No, they aren't.

34 DISC ① TRACK 34

❶ そのミルクは酸っぱい味がしますか？ ― いいえ、しません。

❷ 今私は世界でもっとも幸せな男です。

❸ 私の父は花の写真を撮るのが好きです。

❹ 昨日宿題をしている時、兄が手伝ってくれた。

❺ ブラウンさんが来週この町に来る予定です。

❻ 彼が書いた物語はとても面白かった。

❼ できるだけゆっくり歩きなさい。

❽ トムにすぐここに来るように言いなさい。

❾ 私はその映画がとても面白いと思った。（find 使用）

❿ ボブにその本を読ませてあげなさい。

【使用語句】① 酸っぱい　sour　④ 宿題をする　do one's homework　⑥ 物語　story

ワンポイント　アドバイス　①一般動詞の svc　②最上級　③動名詞
④when 節　⑤ be going to　⑥関係代名詞（目的格）　⑦命令文　as～as one can
⑧svo + to 不定詞　命令文　⑨svoc　⑩使役動詞の原形不定詞　命令文

① Does the milk taste sour? — No, it doesn't.

② I am the happiest man in the world now.

③ My father likes taking pictures of flowers.

④ When I was doing my homework yesterday, my brother helped me.

⑤ Mr. Brown is going to come to this town next week.

⑥ The story (which / that) he wrote was very interesting.

⑦ Walk as slowly as you can. / Walk as slowly as possible.

⑧ Tell Tom to come here at once.

⑨ I found the movie very interesting.

⑩ Let Bob read the book.

35

DISC ① TRACK 35

① あなたがパリで撮った写真（複数）を私に見せてください。

② もしあの学校に入ったら、彼は多くの科目を勉強しなければならないでしょう。

③ 彼女は目が青い。

④ 君はエミリーがどれくらいこの町に住んでいるか知っているかい？

⑤ あなたはここでテレビを見てはいけません。

⑥ 彼はこのペンで名前を書きましたか？ — はい、そうです。

⑦ あれはとても高価な車です。

⑧ その少年はできるだけ高くジャンプした。

⑨ あなたの国では、野球はテニスより人気がありますか？

⑩ 彼は病院に運ばれなければならなかった。

【使用語句】① 写真をとる　take a picture　② 課目　subject　⑦ 高価な　expensive
⑨ 人気がある　popular

ワンポイント アドバイス　①関係代名詞（目的格）　命令文
②接続詞に導かれる従属節　have to　③一般動詞 / be 動詞　④間接疑問文
⑤must　⑥一般動詞　⑦be 動詞　⑧as ～ as one can　⑨比較級

① Please show me the pictures (which / that) you took in Paris.

② If he enters that school, he will have to study many subjects.

③ She has blue eyes. / Her eyes are blue.

④ Do you know how long Emily has lived in this town?

⑤ You must not watch TV here.

⑥ Did he write his name with this pen? — Yes, he did.

⑦ That is a very expensive car.

⑧ The boy jumped as high as he could. / The boy jumped as high as possible.

⑨ Is baseball more popular than tennis in your country?

⑩ He had to be carried to the hospital.

⑩have to　受動態

36 DISC ②TRACK 01

① どの少女がブラウンさんの娘さんかわかりますか？

② これはあなたが探している鍵ですか？
— はい、そうです。

③ 今日は泳ぐのに十分暖かい。

④ 彼は1台の車が自分の家の前で止まるのを見た。

⑤ 彼女のベッドの上に猫が2匹います。

⑥ ジョンは日本で英語を教えるつもりなのですか？
— いいえ、違います。

⑦ 彼は妻と月を見ていた。

⑧ トムとボブは彼女によって料理された夕食を楽しみました。
（分詞使用）

⑨ 彼の本は机の上にありました。

⑩ 彼女の友人たちは彼女をリズと呼びます。

【使用語句】① 娘 daughter ② 探す look for

ワンポイント アドバイス ①間接疑問文 ②関係代名詞（目的格）
③〜enough to ④知覚動詞の原形不定詞 ⑤There is（are）〜
⑥be going to ⑦過去進行形 ⑧過去分詞修飾 ⑨be 動詞 ⑩svoc

1. Do you know which girl is Mr. Brown's daughter?

2. Is this the key (which / that) you are looking for?
 — Yes, it is.

3. It is warm enough to swim today.

4. He saw a car stop in front of his house.

5. There are two cats on her bed.

6. Is John going to teach English in Japan?
 — No, he isn't.

7. He was looking at the moon with his wife.

8. Tom and Bob enjoyed the dinner cooked by her.

9. His book was on the desk.

10. Her friends call her Liz.

37

DISC 2 TRACK 02

① 彼はもうその本を書き終えましたか？
— いいえ、書き終えていません。

② あれは去年私が英語を教えた少年です。

③ 彼らはあなたのことをよく知っていますか？
— はい、そうです。

④ そのりんごはもう食べられてしまいましたか？

⑤ もっとも強い動物は何ですか？

⑥ その仕事は今日されなければならない。（must 使用）

⑦ この本はあの本よりも有名です。

⑧ この問題を解くのは簡単ではないでしょう。（形式主語 it 使用）

⑨ トムとジョンはどこでバスを降りましたか？

⑩ 昨日僕は一日中テレビを見ました。

【使用語句】⑧ 問題 problem 解く solve

ワンポイント アドバイス ①現在完了 ②関係代名詞（目的格）
③一般動詞 ④現在完了 受動態 ⑤最上級 ⑥must 受動態 ⑦比較級
⑧形式主語 it ⑨疑問詞 where ⑩一般動詞

① Has he finished writing the book yet?
— No, he hasn't.

② That is the boy (whom /that) I taught English (to) last year.

③ Do they know you well?
— Yes, they do.

④ Has the apple been eaten yet?

⑤ What is the strongest animal?

⑥ The work must be done today.

⑦ This book is more famous than that one.

⑧ It won't be easy to solve this problem.

⑨ Where did Tom and John get off the bus?

⑩ I watched TV all day yesterday.

38 DISC ②TRACK 03

① 信号が赤になったけれど、その車は止まらなかった。

② あなたは明日何時に起きる予定ですか?

③ すぐにテレビを消しなさい。

④ 僕は誰がその花瓶を割ったのか知らない。

⑤ あなたは今までにスペイン料理を食べたことがありますか?

⑥ 誰が彼を待っていたのですか?

⑦ 彼女は夫が英語を話すのを一度も聞いたことがありません。

⑧ そのミルクは熱すぎて彼女には飲めませんでした。
（too～to 使用）

⑨ 彼らのお父さんは何歳ですか?

⑩ これは世界中の子供に愛されているおもちゃです。
（関係代名詞使用）

【使用語句】③（テレビを）消す　turn off　④花瓶　vase　⑤スペイン料理　Spanish food

ワンポイント　アドバイス　①接続詞に導かれる従属節　②be going to
③命令文　④間接疑問文　⑤現在完了　⑥疑問詞主語　過去進行形
⑦知覚動詞の原形不定詞　現在完了　⑧too～to　⑨How old～?

1 Although [Though] the traffic lights turned red, the car didn't stop.

2 What time are you going to get up tomorrow?

3 Turn off the TV at once.

4 I don't know who broke the vase.

5 Have you ever eaten Spanish food?

6 Who was waiting for him?

7 She has never heard her husband speak English.

8 The milk was too hot for her to drink.

9 How old is their father?

10 This is a toy which [that] is loved by children all over the world.

⑩関係代名詞（主格）　受動態

39

🐰 DISC ②TRACK 04

① 君より僕の方が忙しいよ。

② 彼女には人気のあるレストランを経営している友だちがいる。

③ 彼は2時間以上ピアノを弾いている。

④ 私は、次回はもっと注意します。

⑤ 彼はよく息子に車を洗うように頼む。

⑥ その流れ星は多くの人に見られた。

⑦ あれは彼の犬かもしれない。

⑧ あの老人はとても眠そうだ。

⑨ 昨年、あなたは奥さんの誕生日に何をあげましたか?

⑩ 僕のおばさんは、若い頃教師でした。

【使用語句】 ① 忙しい busy ② 人気がある popular ④ 注意深い careful
⑥ 流れ星 falling star

ワンポイント 😈 アドバイス ①比較級 ②関係代名詞(主格)
③現在完了進行形 ④意志未来の will ⑤svo + to 不定詞 ⑥受動態 ⑦may
⑧一般動詞の svc ⑨svo + 前置詞 / svoo ⑩when 節

① I am busier than you.

② She has a friend who [that] runs a popular restaurant.

③ He has been playing the piano for more than two hours.

④ I will be more careful next time.

⑤ He often asks his son to wash his car.

⑥ The falling star was seen by many people.

⑦ That may be his dog.

⑧ That old man looks very sleepy.

⑨ What did you give (to) your wife for her birthday last year?

⑩ My aunt was a teacher when she was young.

40 DISC ②TRACK 05

❶ あの言語を学ぶのは簡単ではありません。（動名詞使用）

❷ この列車は何時に東京に着くのだろう。（wonder 使用）

❸ その子供たちがとてもうるさかったので、私は新聞を読むことができなかった。（so～that 使用）

❹ 彼はその結果を聞いて驚いた。

❺ ベンチで新聞を読んでいる紳士はブラウン氏ですか？
（関係代名詞使用）

❻ もう9時だ。

❼ 子供の時、私はその雑誌を毎週買った。

❽ エミリーはその男性が銀行に入るのを見た。

❾ あの車は彼の（もの）に違いない。

❿ トムとジョンは昨日10時前に寝た。

【使用語句】①言語 language ③うるさい noisy ④結果 result ⑤紳士 gentleman ⑦雑誌 magazine

ワンポイント アドバイス ①動名詞 ②I wonder～ ③so～that…
④不定詞の副詞的用法（感情の原因） ⑤関係代名詞（主格） ⑥漠然としたものを受ける it
⑦when 節 ⑧知覚動詞の原形不定詞 ⑨must ⑩一般動詞

① Learning that language isn't easy.

② I wonder what time this train will get to Tokyo.

③ The children were so noisy that I couldn't read the newspaper.

④ He was surprised to hear the result.

⑤ Is the gentleman who [that] is reading the newspaper on the bench Mr. Brown?

⑥ It's already nine o'clock.

⑦ When I was a child, I bought the magazine every week.

⑧ Emily saw the man go into the bank.

⑨ That car must be his.

⑩ Tom and John went to bed before ten o'clock yesterday.

41

DISC 2 TRACK 06

1 その本は高価だったけれど、その少年はそれを買った。

2 私がきいたニュースはとても奇妙だった。

3 このコーヒーは苦い。(動詞 taste 使用)

4 彼は世界で最も有名な作家の一人です。

5 あれは誰の靴ですか？ ― 彼のです。

6 僕の時計は彼のより安い。

7 彼らはどのくらい走っているのですか？

8 なぜ彼女は中国に行きたがっているのですか？

9 彼女はそこでたくさんの写真を撮りました。

10 彼の息子は将来良い医者になるだろう。

【使用語句】①高価な expensive ②ニュース news 奇妙な strange ③苦い bitter ④有名な famous ⑥安い cheap ⑧中国 China ⑩将来 in the future

ワンポイント アドバイス ①接続詞に導かれる従属節 ②関係代名詞（目的格） ③一般動詞のsvc ④最上級 ⑤疑問詞 whose ⑥比較級
⑦現在完了進行形 How long～？ ⑧不定詞の名詞的用法 疑問詞 why

❶ Although [Though] the book was expensive, the boy bought it.

❷ The news (which /that) I heard was very strange.

❸ This coffee tastes bitter.

❹ He is one of the most famous writers in the world.

❺ Whose shoes are those? — They are his.

❻ My watch is cheaper than his.

❼ How long have they been running?

❽ Why does she want to go to China?

❾ She took a lot of pictures there.

❿ His son will be [become] a good doctor in the future.

⑨一般動詞　⑩単純未来の will

42 DISC ②TRACK 07

① 彼が一番好きな女の子はヘレンです。

② その知らせを聞いてあなたの奥さんは喜ぶでしょう。

③ 君はピアノを弾いている少女を知ってるの？（分詞使用）
— うん、知ってるよ。

④ 彼らはその洞窟の中で不思議な絵を見つけた。

⑤ なぜ先生が怒ったのかわかりますか？
— いいえ、わかりません。

⑥ 彼は歴史を勉強するのが好きです。

⑦ 僕はどこにそれを置いたのか覚えていない。

⑧ 彼女が出かけた時、曇っていた。

⑨ その問題は簡単なので、僕にも解けた。（enough to 使用）

⑩ 彼女は昨日多くの人に電話をしなければならなかった。

【使用語句】 ④ 洞窟 cave 不思議な strange ⑥ 歴史 history ⑨ 解く solve

ワンポイント アドバイス ①関係代名詞（目的格） 最上級
②不定詞の副詞的用法（感情の原因） ③現在分詞修飾 ④一般動詞 ⑤間接疑問文
⑥動名詞 ⑦間接疑問文 ⑧when 節 ⑨〜 enough to ⑩have to

1. The girl (whom / that) he likes (the) best is Helen.

2. Your wife will be happy to hear the news.

3. Do you know the girl playing the piano?
— Yes, I do.

4. They found a strange picture in the cave.

5. Do you know why the teacher got angry?
— No, I don't.

6. He likes studying history.

7. I don't remember where I put it.

8. When she went out, it was cloudy.

9. The problem was easy enough for me to solve.

10. She had to call many people yesterday.

43

DISC ②TRACK 08

1. 彼が書いた詩の多くは美しかった。

2. 私たちはその飛行機が離陸するのを見た。

3. 彼の部屋にはたくさんのおもちゃがありますか？
— はい、あります。

4. 君はどの指輪が欲しいの？

5. 昨日はすることが無かったので、私は妻と海に行った。

6. たくさんの素晴らしい絵が彼によって描かれるでしょう。

7. 夫は今朝から自分の部屋にいます。

8. 浜辺で遊んでいる子供たちは嬉しそうだ。（分詞使用）

9. その物語を読んだ時、その少女は泣きました。

10. 私の息子は去年から私に手紙を書いてこない。

【使用語句】①詩 poem ②離陸する take off ④指輪 ring ⑨物語 story

ワンポイント アドバイス ①関係代名詞（目的格） ②知覚動詞の原形不定詞 ③There is（are）〜 ④疑問詞 which ⑤接続詞に導かれる従属節 ⑥受動態 ⑦現在完了 ⑧現在分詞修飾 一般動詞の svc ⑨when 節 ⑩現在完了

1. Many of the poems (which /that) he wrote were beautiful.

2. We saw the plane take off.

3. Are there many toys in his room?
   — Yes, there are.

4. Which ring do you want?

5. Since [As] I had nothing to do yesterday, I went to the sea with my wife.

6. Many wonderful pictures will be painted by him.

7. My husband has been in his room since this morning.

8. The children playing on the beach look happy.

9. When she read the story, the girl cried.

10. My son hasn't written to me since last year.

44 DISC 2 TRACK 09

1 彼は旧友たちに会えて嬉しかった。

2 彼らはその少年が何を見つけたのか知りたがっている。

3 あのお巡りさんはなんて親切だったのでしょう！

4 これらは彼女のお父さんの車です。

5 彼女には友だちがたくさんいますか？ — はい、います。

6 彼女が付き合っている男性は背が高くてハンサムです。

7 彼女は彼が医師だと信じていたのですか？ — はい、そうです。

8 彼は疲れているようでしたか？

9 あの子供たちはこの町に住んでいるのですか？
— いいえ、違います。

10 あなたにとって何が一番重要ですか？

【使用語句】 ③お巡りさん policeman ⑥〜と付き合う go out with 〜 ⑧疲れている tired

ワンポイント アドバイス ①不定詞の副詞的用法（感情の原因）
②間接疑問文 ③感嘆文 ④所有格 ⑤一般動詞 ⑥関係代名詞（目的格）
⑦that 節 ⑧一般動詞の svc ⑨一般動詞 ⑩最上級

① He was happy to see his old friends.

② They want to know what the boy found.

③ How kind that policeman was!

④ These are her father's cars.

⑤ Does she have a lot of friends? — Yes, she does.

⑥ The man (whom /that) she is going out with is tall and handsome.

⑦ Did she believe (that) he was a doctor? — Yes, she did.

⑧ Did he look tired?

⑨ Do those children live in this town? — No, they don't.

⑩ What is the most important for you?

45 DISC ②TRACK 10

① あなたは休憩を取りたいですか？

② 僕は今日美しい虹を見た。

③ 私は彼がこの記事を読んだとは思いません。

④ あなたの息子さんは毎日朝食を食べますか？

⑤ 彼女は何時に駅に着きましたか？

⑥ ジョンが乗っている自転車は古いですか？ ― はい、そうです。

⑦ 彼はそれをどう説明したらよいかわからなかった。

⑧ できるだけ多くの水を飲みなさい。

⑨ あなたは昨日図書館に行きましたか？
― いいえ、いきませんでした。

⑩ パーティーはまだ始まっていません。

【使用語句】 ② 虹 rainbow　③記事 article　⑦説明する explain

ワンポイント　アドバイス　①不定詞の名詞的用法　②一般動詞　③that 節
④一般動詞　⑤What time ～ ?　⑥関係代名詞（目的格）　⑦疑問詞 + to 不定詞
⑧as ～ as one can　⑨一般動詞　⑩現在完了

① Do you want to take a break?

② I saw a beautiful rainbow today.

③ I don't think (that) he read this article.

④ Does your son eat breakfast every day?

⑤ What time did she get to the station?

⑥ Is the bike (which / that) John is riding old? — Yes, it is.

⑦ He didn't know how to explain it.

⑧ Drink as much water as you can. / Drink as much water as possible.

⑨ Did you go to the library yesterday?
— No, I didn't.

⑩ The party hasn't begun yet.

きれいな虹！

あれま

46 DISC ②TRACK 11

❶ メアリーはクラシック音楽を聴くのが好きでした。

❷ 彼女に話しかけた男性はとてもハンサムだった。

❸ 僕はエミリーに昼食を作ってほしかった。

❹ 彼のプレゼントは彼女を喜ばせるでしょう。

❺ 彼の部屋にはたくさんの本があった。

❻ なぜロバートは彼女に電話しなければならなかったのですか？

❼ ぼくの伯父は釣りを楽しむためによく海に行く。

❽ その日私はとても疲れていました。

❾ 彼女は家が揺れるのを感じました。

❿ 僕は今までにこんなに大きな犬を見たことがありません。

【使用語句】①クラシック音楽　classical music　②ハンサムな　handsome　⑨揺れる　shake

ワンポイント アドバイス

①動名詞　②関係代名詞（主格）　③svo + to 不定詞　④svoc　⑤There is (are) ~　⑥have to　疑問詞 why　⑦不定詞の副詞的用法（目的）　動名詞　⑧be 動詞　⑨知覚動詞の原形不定詞

① Mary liked listening to classical music.

② The man who [that] spoke to her was very handsome.

③ I wanted Emily to cook lunch.

④ His present will make her happy.

⑤ There were many books in his room.

⑥ Why did Robert have to call her?

⑦ My uncle often goes to the sea to enjoy fishing.

⑧ I was very tired that day.

⑨ She felt the house shake.

⑩ I have never seen such a big dog.

⑩現在完了

47 DISC ②TRACK 12

① 彼は木の葉が落ちるのを見た。

② 壁にかかっている絵をごらんなさい。(現在分詞使用)

③ 彼女の娘は今年高校を卒業した。

④ 彼女たちは横浜で昼食を食べる予定です。

⑤ 彼をそれを箸で食べたのですか？

⑥ 今は何も言いたくありません。

⑦ 彼はフランスで撮った写真をなくしてしまった。

⑧ あの子供たちはどこでバスに乗るのか知っていますか？

⑨ 彼はトムより速く泳げます。

⑩ 彼は親切にも僕の宿題を手伝ってくれた。(enough to 使用)

【使用語句】① 木の葉　leaf（複 leaves）　② かかる　hang　③ 〜を卒業する　graduate from
　　　　　⑤ 箸　chopsticks

ワンポイント アドバイス　①知覚動詞の原形不定詞　②現在分詞修飾　命令文
③一般動詞　④be going to　⑤一般動詞　⑥不定詞の名詞的用法
⑦関係代名詞（目的格）　現在完了　⑧疑問詞＋to 不定詞　⑨比較級

① He saw the leaves fall.

② Look at the picture hanging on the wall.

③ Her daughter graduated from high school this year.

④ They are going to have lunch in Yokohama.

⑤ Did he eat it with chopsticks?

⑥ I don't want to say anything now.

⑦ He has lost the pictures (which / that) he took in France.

⑧ Do those children know where to take the bus?

⑨ He can swim faster than Tom.

⑩ He was kind enough to help me with my homework.

⑩ ～ enough to

48 DISC ②TRACK 13

① その犬はとても大きかったので、子供たちは（それを）こわがっていた。（so～that 使用）

② 茶色く塗られたベンチが見えますか？（分詞使用）

③ 去年の夏あなたはご家族とどこに行きましたか？

④ 彼の伯父さんはレストランを3軒経営している。

⑤ 床が濡れていたので、その少女は滑って転んだ。

⑥ 彼女はデパートに行ったけれど、何も買わなかった。

⑦ そのコーヒーは香りがいいですか？（動詞 smell 使用）

⑧ 子供たちが宿題をしている間、彼女は夕食を料理した。

⑨ 君が描いた絵はどこにあるの？

⑩ もしその少女がこの人形を欲しがったら彼女にあげてください。

【使用語句】④経営する run ⑤滑る slip 転ぶ fall

ワンポイント アドバイス ①so～that… ②過去分詞修飾
③疑問詞 where ④一般動詞 ⑤接続詞に導かれる従属節
⑥接続詞に導かれる従属節 ⑦一般動詞の svc ⑧接続詞に導かれる従属節

1 The dog was so big that children were afraid of it.

2 Do you see the bench painted brown?

3 Where did you go with your family last summer?

4 His uncle runs three restaurants.

5 Since [As] the floor was wet, the girl slipped and fell down.

6 Although [Though] she went to the department store, she bought nothing.

7 Does the coffee smell good?

8 While her children were doing their homework, she cooked dinner.

9 Where is the picture (which /that) you painted?

10 If the girl wants this doll, please give it to her.

⑨疑問詞 where
⑩接続詞に導かれる従属節　命令文

49 DISC ②TRACK 14

① 切手を集めるのが彼の趣味なのですか？（動名詞使用）

② 教室を掃除している少年たちと少女たちは彼の生徒ですか？
（関係代名詞使用）

③ あなたは彼がなぜそう言ったのか知っていますか？

④ 多くの人がこれは町で一番のレストランだと言います。

⑤ 彼らは長い間待ちましたか？

⑥ あの老人は80歳を超えているに違いない。

⑦ その少年がどのようにその問題を解いたのか教えてください。

⑧ 彼は娘が誕生日に何が欲しいのか知りたがっている。

⑨ 先生はその少年に窓を閉めさせた。

⑩ 我々はその鳥が飛び去るのを見た。

【使用語句】⑩ 飛び去る　fly away

ワンポイント　アドバイス　①動名詞　②関係代名詞（主格）　③間接疑問文
④that節　最上級　⑤一般動詞　⑥must　⑦間接疑問文
⑧間接疑問文　不定詞の名詞的用法　⑨使役動詞の原形不定詞

1. Is collecting stamps his hobby?

2. Are the boys and girls who [that] are cleaning the classroom his students?

3. Do you know why he said so?

4. Many people say (that) this is the best restaurant in town.

5. Did they wait for a long time?

6. That old man must be over eighty years old.

7. Please tell me how the boy solved the problem.

8. He wants to know what his daughter wants for her birthday.

9. The teacher made the boy close the window.

10. We saw the bird fly away.

⑩知覚動詞の原形不定詞

50

DISC ②TRACK 15

❶ 彼は恋人に会うために早目に会社を出た。

❷ 次回ここにいつ来たらよいのか教えてください。

❸ 僕の兄は自分のしたくないことをいつも僕にさせます。

❹ 彼の母は彼に途中でその手紙を投かんするように頼んだ。

❺ ドイツ語は英語より難しいですか？

❻ あなたは、ヘレンが恋をしている（のだ）と思いますか？

❼ あの男性はトムのお父さんかもしれない。

❽ この本が5冊の中で一番面白い。

❾ 彼はその手紙をもう読んでしまいましたか？
— いいえ、読んでいません。

❿ あなた方にとって外国で勉強することが必要となるでしょう。
（形式主語 it 使用）

【使用語句】①（女性の）恋人　girlfriend　④投かんする　post　⑥恋をしている　be in love

ワンポイント アドバイス　①不定詞の副詞的用法（目的）
②疑問詞 + to 不定詞　③使役動詞の原形不定詞　関係代名詞 what
④svo + to 不定詞　⑤比較級　⑥that 節　⑦may　⑧最上級　⑨現在完了

1 He left the office early to see his girlfriend.

2 Please tell me when to come here next time.

3 My brother always makes me do what he doesn't want to do.

4 His mother asked him to post the letter on the way.

5 Is German more difficult than English?

6 Do you think (that) Helen is in love?

7 That man may be Tom's father.

8 This book is the most interesting of the five.

9 Has he read the letter yet?
— No, he hasn't.

10 It will be necessary for you to study abroad.

⑩形式主語 it

51 DISC ②TRACK 16

1 あれがその町に行くバスですか？

2 これはよく若者たちによって歌われる歌です。（分詞使用）

3 あなたは彼が泳ぐのを見たことがありますか？

4 彼女は娘を病院に連れて行きました。

5 私はこの車を10年以上運転しています。

6 あなたは今日の午後宿題をするつもりですか？

7 この歌は何と美しいのでしょう！

8 彼は何かを書いています。

9 あなたのお姉さんは若く見えますか？ ― はい、そうです。

10 2番目の質問は最初のよりずっと難しかった。

【使用語句】⑩ 難しい　difficult

ワンポイント　アドバイス　①関係代名詞（主格）　②過去分詞修飾
③知覚動詞の原形不定詞　④一般動詞　⑤現在完了進行形　⑥be going to
⑦感嘆文　⑧現在進行形　⑨一般動詞の svc　⑩比較級

1. Is that the bus which [that] goes to the town?

2. This is a song often sung by young people.

3. Have you ever seen him swim?

4. She took her daughter to the hospital.

5. I have been driving this car for more than ten years.

6. Are you going to do your homework this afternoon?

7. How beautiful this song is!

8. He is writing something.

9. Does your sister look young? — Yes, she does.

10. The second question was much more difficult than the first one.

52　DISC ②TRACK 17

① あの家に住んでいる老人はとてもお金持ちです。(関係代名詞使用)

② 誰の辞書を彼女は借りたのですか？

③ 彼を理解するのは私には不可能です。(形式主語 it 使用)

④ 彼女はここで働ける年齢になっていない。(enough to 使用)

⑤ あなたは何も心配する必要はありません。

⑥ あれは私たちが去年泊まったホテルです。

⑦ 暗過ぎて写真が撮れなかった。(too ~ to 使用)

⑧ 彼はペットを何匹飼っているのですか？

⑨ その男性はお金持ちだけれど、幸せではない。

⑩ 彼は僕にその雑誌を貸してくれた。

【使用語句】②辞書　dictionary　⑩雑誌　magazine

ワンポイント　アドバイス　①関係代名詞（主格）　②疑問詞 whose
③形式主語 it　④~ enough to　⑤have to　⑥関係副詞　⑦too ~ to
⑧How many ~ ?　⑨接続詞に導かれる従属節　⑩svoo

① The old man who [that] lives in that house is very rich.

② Whose dictionary did she borrow?

③ It is impossible for me to understand him.

④ She is not old enough to work here.

⑤ You don't have to worry about anything.

⑥ That is the hotel where we stayed last year.

⑦ It was too dark to take pictures.

⑧ How many pets does he have?

⑨ Although [Though] the man is rich, he isn't happy.

⑩ He lent me the magazine.

53 DISC ②TRACK 18

① 彼女はなぜ彼らに会いたくなかったのですか？

② ボブは昨日友だちとゲームをして楽しんだ。

③ そのパーティーには有名な人がたくさんいた。

④ 彼に会ったら、なぜ皆が彼のことが好きなのかわかるよ。

⑤ 中に何があるのか教えてよ。

⑥ 僕は彼女に何を言えば良いのかわからなかった。

⑦ 彼はもうすぐその本を読み終わるでしょう。

⑧ おじさんが僕たちにしてくれた話は不思議だった。

⑨ 彼女はその子供たちに静かにするように頼んだ。

⑩ 私は彼女にコーヒーをいれてもらった。

【使用語句】⑧ 不思議な　strange

ワンポイント アドバイス ①不定詞の名詞的用法　疑問詞 why　②動名詞
③There is（are）〜　④接続詞に導かれる従属節　⑤間接疑問文
⑥疑問詞 + to 不定詞　⑦動名詞　⑧関係代名詞（目的格）　⑨svo + to 不定詞

❶ Why didn't she want to see them?

❷ Bob enjoyed playing games with his friends yesterday.

❸ There were many famous people at the party.

❹ If you meet him, you will understand why everyone likes him.

❺ Tell me what's inside.

❻ I didn't know what to say to her.

❼ He will finish reading the book soon.

❽ The story (which / that) my uncle told us was strange.

❾ She asked the children to be quiet.

❿ I had her make some coffee.

⑩使役動詞の原形不定詞

54

DISC ②TRACK 19

❶ 昼食を食べたけれど、僕はまだ空腹です。

❷ あれが彼らが買うことを決めた家ですか？

❸ 彼らは私に親切にしてくれました。

❹ あなたはその試験に受かるために長い間勉強しているのですか？

❺ 僕がこの本を買った書店はロンドンにありました。

❻ 彼女は僕の仕事が何なのか聞いた。

❼ メアリーはその少女たちの中で一番速く走る。

❽ 彼の奥さんは日本語を話しますか？ ─ はい、話します。

❾ このレストランを経営している男性は彼女のいとこです。
（分詞使用）

❿ この肉はなんて固いのでしょう！

【使用語句】① 空腹である　hungry　⑨ 経営する　run

ワンポイント　アドバイス　①接続詞に導かれる従属節
②関係代名詞（目的格）　不定詞の名詞的用法　③be 動詞
④現在完了進行形　不定詞の副詞的用法（目的）　⑤関係副詞　⑥間接疑問文

❶ Although [Though] I have had lunch, I'm still hungry.

❷ Is that the house (which / that) they have decided to buy?

❸ They were kind to me.

❹ Have you been studying for a long time to pass the exam?

❺ The bookstore where I bought this book was in London.

❻ She asked me what my job was.

❼ Mary runs the fastest of the girls.

❽ Does his wife speak Japanese? — Yes, she does.

❾ The man running this restaurant is her cousin.

❿ How tough this meat is!

⑦最上級　⑧一般動詞　⑨現在分詞修飾　⑩感嘆文

55

① その番組はとても面白いので、皆（それを）見たがった。
（so ~ that 使用）

② 彼は毎日スペイン語を3時間勉強する。

③ 彼女は息子に皿を洗わせた。

④ 何もすることが無かったので、トムは早く家に帰った。

⑤ あなたのお母さんは音楽が好きですか？

⑥ 私は、彼女は以前にインドに行ったことがあると思います。

⑦ 電話が鳴った時、ルーシーはシャワーを浴びていたのですか？

⑧ 彼らが公園であった老人は90歳だった。

⑨ 彼女はあなたと同じくらい有名になるでしょう。

⑩ いつ彼女を訪ねたらいいか教えてください。

【使用語句】⑥ インド　India

ワンポイント　アドバイス　①so ~ that …　②一般動詞
③使役動詞の原形不定詞　④接続詞に導かれる従属節　不定詞の形容詞的用法
⑤一般動詞　⑥that節　現在完了　⑦when節　過去進行形　⑧関係代名詞（目的格）

① The program was so interesting that everyone wanted to see it.

② He studies Spanish for three hours every day.

③ She made her son wash the dishes.

④ Since [As] he didn't have anything to do, Tom went home early.

⑤ Does your mother like music?

⑥ I think (that) she has been to India before.

⑦ Was Lucy taking a shower when the telephone rang?

⑧ The old man (whom / that) they met in the park was ninety years old.

⑨ She will be [become] as famous as you.

⑩ Please tell me when to visit her.

お皿洗い終わったら
お使いよ！

はいっ

⑨原級比較　⑩疑問詞 + to 不定詞

56

DISC ②TRACK 21

① トムは友人を見送りに空港に行った。

② あなたは彼に質問した少年を知っていますか？（関係代名詞使用）

③ 彼女は昨日の午後友人とテニスをして楽しみました。

④ あの女性はどちらの車を選んだらいいか知っていますか？

⑤ 君はいつそのお祭りが始まるか知ってるかい？

⑥ マーガレットは昨日ケーキを焼いたのですか？
― はい、そうです。

⑦ エドとナンシーはいつ結婚したのですか？

⑧ 彼のお父さんは背が高かった。

⑨ 僕は今日彼に電話するつもりです。

⑩ 今朝あなたはシャワーを浴びましたか？
― いいえ、浴びませんでした。

【使用語句】①見送る see off ④選ぶ choose ⑥(ケーキなどを)焼く bake

ワンポイント アドバイス
①不定詞の副詞的用法（目的）
②関係代名詞（主格） ③動名詞 ④疑問詞 + to 不定詞 ⑤間接疑問文
⑥一般動詞 ⑦疑問詞 when ⑧be 動詞 ⑨be going to ⑩一般動詞

1. Tom went to the airport to see his friend off.

2. Do you know the boy who [that] asked him a question?

3. She enjoyed playing tennis with her friend yesterday afternoon.

4. Does that woman know which car to choose?

5. Do you know when the festival will begin?

6. Did Margaret bake a cake yesterday?
   — Yes, she did.

7. When did Ed and Nancy get married?

8. His father was tall.

9. I am going to call him today.

10. Did you take a shower this morning?
    — No, I didn't.

57 DISC 2 TRACK 22

1. 明日パリは曇りでしょう。

2. ナンシー・ブラウンという名前の女性が今日ここに来ました。

3. ボブは彼女の電話番号を知っているに違いない。

4. 先生はその生徒たちを博物館に連れて行った。

5. あなたはその番組をもう一度見たのですか？
   ― はい、そうです。

6. なぜ彼はこの絵を描いたのですか？

7. 彼が私たちにその計画について話した時、それは不可能のように聞こえた。

8. ここで売られている野菜は新鮮です。（分詞使用）

9. その猫はタマと呼ばれています。

10. その知らせは彼らを驚かすでしょう。

【使用語句】⑦ 不可能な　impossible　⑩ 驚かす　surprise

ワンポイント　アドバイス　①漠然としたものを受ける it
②関係代名詞（所有格）　③must　④一般動詞　⑤一般動詞　⑥疑問詞 why
⑦when 節　一般動詞の svc　⑧過去分詞修飾　⑨受動態　svoc　⑩一般動詞

1. It will be cloudy in Paris tomorrow.

2. A woman whose name was Nancy Brown came here today.

3. Bob must know her phone number.

4. The teacher took the students to the museum.

5. Did you see the program again?
   — Yes, I did.

6. Why did he paint this picture?

7. When he told us about the plan, it sounded impossible.

8. The vegetables sold here are fresh.

9. The cat is called Tama.

10. The news will surprise them.

58　DISC 2 TRACK 23

1. 彼は体重を減らすために毎日ジョギングをしています。

2. 彼女は父親が大きなホテルを経営している男性と結婚しました。

3. あの少女は彼のいとこですか？ ― いいえ、違います。

4. 学生の頃、私は懸命に勉強しました。

5. トムは手に何を持っていますか？

6. 彼らはどうやってそこに行ったのですか？

7. 彼らにとって、毎日走ることは必要ですか？（形式主語 it 使用）

8. 彼女は先月その小説を読みました。

9. 彼らは誰かが叫ぶのを聞きました。

10. ボブはその時ジョギングをしていたのですか？
    ― はい、そうです。

【使用語句】①体重を減らす　lose weight　②経営する　run　③いとこ　cousin
　　　　　⑧小説　novel　⑩ジョギングをする　jog

ワンポイント アドバイス　①不定詞の副詞的用法（目的）
②関係代名詞（所有格）　③be 動詞　④when 節　⑤疑問詞 what　⑥疑問詞 how
⑦形式主語 it　⑧一般動詞　⑨知覚動詞の原形不定詞　⑩過去進行形

1. He jogs every day to lose weight.

2. She married a man whose father ran a big hotel.

3. Is that girl his cousin? — No, she isn't.

4. When I was a student, I studied hard.

5. What does Tom have in his hand?

6. How did they go there?

7. Is it necessary for them to run every day?

8. She read the novel last month.

9. They heard someone cry.

10. Was Bob jogging at that time?
    — Yes, he was.

走ったあとの
ステーキは最高なんだ♪

だめじゃん

59　DISC ②TRACK 24

1 ミルクを飲んでいる少年はボブです。（関係代名詞使用）

2 僕の妻は車の運転があまりうまくありません。

3 この雑誌はあの雑誌より人気があるのですか？
― はい、そうです。

4 この町には良いレストランがたくさんあります。

5 彼はもう一度彼らに会わなければならないでしょう。

6 どうすれば私はこの箱を開けられますか？

7 私の父は毎年ドイツに行きます。

8 その女性は私たちのために歌を歌ってくれた。

9 この帽子はなんて高価なのでしょう！

10 地面は雪におおわれていた。

【使用語句】③雑誌 magazine　⑩地面 ground

ワンポイント アドバイス
①関係代名詞（主格）　②動名詞　③比較級　④There is (are) 〜　⑤have to　⑥疑問詞 how　⑦一般動詞　⑧svo + 前置詞　⑨感嘆文　⑩受動態

① The boy who [that] is drinking milk is Bob.

② My wife is not very good at driving.

③ Is this magazine more popular than that one?
— Yes, it is.

④ There are many good restaurants in this town.

⑤ He will have to see them again.

⑥ How can I open this box?

⑦ My father goes to Germany every year.

⑧ The woman sang a song for us.

⑨ How expensive this hat is!

⑩ The ground was covered with snow.　これ高いのよ～
見たらわかるよ

60

❶ あなたは彼が川を泳いで渡るのを見たのですか？
— はい、そうです。

❷ あなたは彼女に会うためにフランスに行ったのですか？

❸ 私は嘘をついたことがありません。

❹ 私は両親が外国に住んでいる少年を知っています。

❺ 彼は彼女のことを考えているのだと、私は思います。

❻ その都市は毎年多くの外国人に訪れられます。

❼ 父親が帰ってくるまで、彼はテレビを見た。

❽ この指輪は私の母のものに違いない。

❾ これはすべてのうちで一番難しい科目です。

❿ 彼の名前は若者たちに知られている。

【使用語句】③嘘をつく tell a lie ⑨難しい difficult

ワンポイント アドバイス ①知覚動詞の原形不定詞
②不定詞の副詞的用法（目的） ③現在完了 ④関係代名詞（所有格） ⑤that節
⑥受動態 ⑦接続詞に導かれる従属節 ⑧must ⑨最上級 ⑩受動態

❶ Did you see him swim across the river?
— Yes, I did.

❷ Did you go to France to meet her?

❸ I have never told a lie.

❹ I know a boy whose parents live abroad.

❺ I think (that) he is thinking about her.

❻ The city is visited by many foreigners every year.

❼ He watched TV until [till] his father came back.

❽ This ring must be my mother's.

❾ This is the most difficult subject of all.

❿ His name is known to young people.

61　DISC ②TRACK 26

① あなたは、奥さんが何色が好きか知っていますか？

② バイオリンを弾いている少年は彼女の息子さんですか？（関係代名詞使用）

③ パスポートを失くしたとき彼女はどうしましたか？

④ 彼女は眠くなるまで勉強した。

⑤ 彼女はこの物語を気に入るでしょう。

⑥ 先日わたしはあなたのおばさんに会いました。

⑦ 彼女は、彼は子供が好きだと思った。

⑧ あそこに立っているあの背の高い男性は誰ですか？（分詞使用）

⑨ このジョークは皆を笑わせるでしょう。

⑩ 医師はその男性に飲み過ぎないようにと言った。

【使用語句】⑤ 物語　story　⑨ ジョーク　joke

ワンポイント　アドバイス　①間接疑問文　②関係代名詞（主格）
③when 節　疑問詞 what　④接続詞に導かれる従属節　一般動詞の svc
⑤単純未来の will　⑥一般動詞　⑦that 節　⑧現在分詞修飾

❶ Do you know what color your wife likes?

❷ Is the boy who [that] is playing the violin her son?

❸ What did she do when she lost her passport?

❹ She studied until [till] she felt sleepy.

❺ She will like this story.

❻ I saw your aunt the other day.

❼ She thought (that) he liked children.

❽ Who is that tall man standing over there?

❾ This joke will make everyone laugh.

❿ The doctor told the man not to drink too much.

⑨使役動詞の原形不定詞　⑩svo + to 不定詞

62 DISC ②TRACK 27

❶ 私たちは川のそばに建っている家に住んでいました。
（関係代名詞使用）

❷ あなたのお父さんは何と言いましたか？

❸ 彼が到着するまで、彼らは出発しなかった。

❹ 彼は雑誌を買いに本屋に行った。

❺ 彼がその町に行く日は火曜日です。

❻ その像を壊した若者は罰せられた。

❼ 彼らはその老人が転ぶのを見ました。

❽ 彼はその機械の使い方を彼らに教えた。

❾ これは私が今までに聞いたもっとも面白いジョークです。

❿ 明日は今日と同じくらい寒いでしょう。

【使用語句】③到着する arrive ⑥像 statue ⑦転ぶ fall down ⑨ジョーク joke

ワンポイント アドバイス ①関係代名詞（主格） ②疑問詞 what
③接続詞に導かれる従属節 ④不定詞の副詞的用法（目的） ⑤関係副詞
⑥関係代名詞（主格） 受動態 ⑦知覚動詞の原形不定詞 ⑧疑問詞 + to 不定詞

❶ We lived in a house which [that] stood near the river.

❷ What did your father say?

❸ They didn't leave until [till] he arrived.

❹ He went to the bookstore to buy a magazine.

❺ The day when he goes to the town is Tuesday.

❻ The young man who [that] broke the statue was punished.

❼ They saw the old man fall down.

❽ He taught them how to use the machine.

❾ This is the funniest joke (that) I've ever heard.

❿ Tomorrow it will be as cold as today.

来月から
おこづかい半分!!

エェ～!

⑨関係代名詞（目的格）　現在完了　⑩原級比較

63 DISC ②TRACK 28

❶ 彼女はなぜその時幸せに感じたのですか？

❷ 夕食に何が食べたい？

❸ 彼女には父親がパイロットである友だちがいます。

❹ 僕は君と同じくらいお腹が減ってるよ。

❺ 僕はその試験に受かるまで勉強する。

❻ できるだけ早く彼女に手紙を書きなさい。

❼ あなたのお父さんはよく釣りに行くのですか？
— はい、そうです。

❽ 彼女はとても美しかったので、多くの男性が彼女にプロポーズした。（so ~ that 使用）

❾ あなたは今までにこのワインを飲んだことがありますか？
— いいえ、ありません。

❿ この赤いドレスは、あの緑のより高いのですか？

【使用語句】⑧ ~にプロポーズする　propose to ~　⑩ 高い　expensive

ワンポイント　アドバイス　①一般動詞の svc　②不定詞の名詞的用法
③関係代名詞（所有格）　④原級比較　⑤接続詞に導かれる従属節
⑥as ~ as possible　⑦一般動詞　⑧so ~ that …　⑨現在完了　⑩比較級

① Why did she feel happy then?

② What do you want to eat for dinner?

③ She has a friend whose father is a pilot.

④ I am as hungry as you.

⑤ I will study until [till] I pass the exam.

⑥ Write to her as soon as possible. / Write to her as soon as you can.

⑦ Does your father often go fishing?
— Yes, he does.

⑧ She was so beautiful that many men proposed to her.

⑨ Have you ever drunk this wine?
— No, I haven't.

⑩ Is this red dress more expensive than that green one?

64

1 暗くなる前に彼を訪ねよう。

2 ナンシーはボブよりも早く到着したのですか？
― はい、そうです。

3 僕は、彼は昨夜良い夢を見たのだと思うよ。

4 僕は兄の車を一度も運転したことがありません。

5 メアリーは、お母さんと同じくらい美しくなるでしょう。

6 彼は昨夜ポールと一緒にいたのですか？ ― いいえ、違います。

7 彼が試合に勝つといいのだけど。

8 昨日から雨が降っています。

9 彼らはいつ日本を発つ予定ですか？

10 彼にはおじいさんが有名な政治家であった友だちがいる。

【使用語句】②到着する arrive ⑦試合に勝つ win the game ⑩政治家 politician

ワンポイントアドバイス
①接続詞に導かれる従属節 Let's～　②比較級　③that節　④現在完了　⑤原級比較　⑥be動詞　⑦that節　⑧現在完了　⑨be going to　⑩関係代名詞（所有格）

① Let's visit him before it is [gets] dark. / Let's visit him before dark.

② Did Nancy arrive earlier than Bob?
— Yes, she did.

③ I think (that) he had a good dream last night.

④ I have never driven my brother's car.

⑤ Mary will be as beautiful as her mother.

⑥ Was he with Paul last night? — No, he wasn't.

⑦ I hope (that) he will win the game.

⑧ It has been raining since yesterday.

⑨ When are they going to leave Japan?

⑩ He has a friend whose grandfather was a famous politician.

65 DISC ②TRACK 30

1 コーヒーをもう１杯飲むかい？ — うん、お願いするよ。

2 そのバスに乗るために（捕まえるために）彼は走らなければならなかったのですか？ — はい、そうです。

3 私は彼女にこの仕事をやってくれるよう頼むつもりです。

4 私の息子は数学の勉強をするのが好きではありません。

5 その少年は成長して、偉大な作家になった。（不定詞使用）

6 僕たちはなぜこの犬の世話をしなければならないのですか？

7 あれがお母さんが学校で理科を教えている少年です。

8 妻に電話した後、彼は友人たちと飲みに行った。

9 あの国で話される言語はフランス語ですか、それともドイツ語ですか？（分詞使用）

10 彼らが来る前に、この部屋を掃除しよう。

【使用語句】⑤ 成長する grow up　作家 writer　⑥ 〜の世話をする take care of 〜
⑧ 飲みに行く go for a drink　⑨ フランス語 French　ドイツ語 German

ワンポイント アドバイス　①Will you 〜?　②不定詞の副詞的用法 have to
③svo + to 不定詞 be going to　④動名詞　⑤不定詞の副詞的用法　⑥have to
⑦関係代名詞（所有格）　⑧接続詞に導かれる従属節　⑨過去分詞修飾

1. Will you have another cup of coffee? — Yes, please.

2. Did he have to run to catch the bus? — Yes, he did.

3. I am going to ask her to do this work.

4. My son doesn't like studying math.

5. The boy grew up to be a great writer.

6. Why do we have to take care of this dog?

7. That is the boy whose mother teaches science at school.

8. After he called his wife, he went for a drink with his friends.

9. Is the language spoken in that country French or German?

10. Let's clean this room before they come.

⑩接続詞に導かれる従属節　Let's〜

66 DISC ②TRACK 31

① 彼女の息子さんは医師になるために勉強しています。

② これは100年前に建てられた家です。(関係代名詞使用)

③ あなたはそれらの人全員に会ったのですか？
　― はい、そうです。

④ 私は、彼女は来年その試験に受かると思います。

⑤ その先生はとても早く話したので、生徒たちは（彼を）理解できなかった。(so～that…使用)

⑥ 私は彼に同じ間違いを犯さないように言いました。

⑦ 彼が新聞を読んでいる間、彼女は朝食を料理した。

⑧ 彼女はハサミでその布を注意深く切った。

⑨ その車はいつ盗まれたのですか？

⑩ 彼らはその男がどうやって部屋に入ったのかわからなかった。

【使用語句】⑧ ハサミ　scissors　布　cloth

ワンポイント　アドバイス　①不定詞の副詞的用法（目的）
②関係代名詞（主格）　受動態　③一般動詞　④that 節　⑤so～that…
⑥svo + to 不定詞　⑦接続詞に導かれる従属節　⑧一般動詞　⑨受動態

❶ Her son is studying to become a doctor.

❷ This is a house which [that] was built a hundred years ago.

❸ Did you meet all (of) those people?
— Yes, I did.

❹ I think (that) she will pass the exam next year.

❺ The teacher spoke so fast that the students couldn't understand him.

❻ I told him not to make the same mistake.

❼ While he was reading the newspaper, she cooked breakfast.

❽ She cut the cloth with scissors carefully.

❾ When was the car stolen?

❿ They didn't know how the man got into the room.

⑩間接疑問文

67 DISC ②TRACK 32

① お父さんが作家であるその少女は読書が好きです。

② 気分が悪かったので、彼女は外出しなかった。

③ その男性は年を取っているけれど、君よりも頑丈だよ。

④ 彼はテーブルの上に何を置きましたか？

⑤ 彼女は我々の誰よりも上手に英語を話します。

⑥ 彼はジョークを言うのが得意ではない。

⑦ この地域を女性が一人で歩くのは危険です。（形式主語 it 使用）

⑧ 私たちがあのパーティーに行った夜を覚えていますか？

⑨ 彼らは忙しそうには見えない。

⑩ その少年はとても内気でした。

【使用語句】⑥ ジョークを言う　tell a joke　⑩ 内気な　shy

ワンポイント　アドバイス　①関係代名詞（所有格）
②接続詞に導かれる従属節　一般動詞の svc　③接続詞に導かれる従属節　比較級
④疑問詞 what　⑤比較級　⑥動名詞　⑦形式主語 it　⑧関係副詞

❶ The girl whose father is a writer likes reading.

❷ Since [As] she felt sick, she didn't go out.

❸ Although the man is old, he is stronger than you.

❹ What did he put on the table?

❺ She speaks English better than any of us.

❻ He isn't good at telling jokes.

❼ It is dangerous for women to walk alone in this area.

❽ Do you remember the night when we went to that party?

❾ They don't look busy.

❿ The boy was very shy.

⑨一般動詞の SVC　⑩be 動詞

68 DISC ②TRACK 33

① 君はどの車が一番高いか知ってるかい？

② 僕の祖母は若い人たちと話をするのが好きです。

③ ミルクを飲んでいるあの猫をごらんなさい。（関係代名詞使用）

④ その子供たちは野球をするためにどこに行きましたか？

⑤ 彼は私に歌わせた。

⑥ 彼は自分の祖母が何歳なのか知らない。

⑦ これを食べなさい。さもないと彼女は怒りますよ。

⑧ 私は一度もあの男性に話しかけられたことがありません。

⑨ 彼女にこの仕事をやってもらおうよ。

⑩ メアリーは犬が好きではないのですか？
― はい、好きではありません。

【使用語句】① 高い　expensive

ワンポイント アドバイス　①間接疑問文　②動名詞　③関係代名詞（主格）
④不定詞の副詞的用法（目的）　⑤使役動詞の原形不定詞　⑥間接疑問文
⑦命令文、or～　⑧現在完了　受動態　⑨使役動詞の原形不定詞　Let's～

❶ Do you know which car is the most expensive?

❷ My grandmother likes talking with young people.

❸ Look at that cat which [that] is drinking milk.

❹ Where did the children go to play baseball?

❺ He made me sing.

❻ He doesn't know how old his grandmother is.

❼ Eat this, or she will get angry.

❽ I have never been spoken to by that man.

❾ Let's have her do this work.

❿ Doesn't Mary like dogs?
  ─ No, she doesn't.

⑩一般動詞

69 DISC ②TRACK 34

① 彼が言ったことは皆を驚かせた。

② 私はあなたにテレビを消してほしい。

③ 彼女は間違いを犯しましたか？

④ インドで生まれたその少年は、今ドイツに住んでいる。

⑤ 彼女は3時間以上運転し続けています。

⑥ ボブはその少年たちの中で一番勤勉です。

⑦ その詩は短いので私にも覚えられた。（enough to 使用）

⑧ 彼女は彼を魅力的だと思いましたか？（find 使用）

⑨ その猫は23歳になるまで生きました。（不定詞使用）

⑩ 私は昨夜その物語を読んだ。

【使用語句】④インド India ⑥勤勉な diligent ⑧魅力的な attractive

ワンポイント アドバイス ①関係代名詞 what ②svo + to 不定詞
③一般動詞 ④関係代名詞（主格） ⑤現在完了進行形 ⑥最上級
⑦〜 enough to ⑧svoc ⑨不定詞の副詞的用法 ⑩一般動詞

1. What he said surprised everyone.

2. I want you to turn off the TV.

3. Did she make a mistake?

4. The boy who [that] was born in India lives in Germany now.

5. She has been driving for more than three hours.

6. Bob is the most diligent of the boys.

7. The poem was short enough for me to remember.

8. Did she find him attractive?

9. The cat lived to be twenty-three years old.

10. I read the story last night.

夏は別荘で過ごすんだ

まぁ！別荘？

70 DISC ②TRACK 35

① 彼女は青い目の（青い目を持つ）犬を飼っています。
（関係代名詞使用）

② 彼らが結婚したと聞いて嬉しいです。

③ 私はあなたのお父さんに会うためにここに来ました。

④ あなたは先週彼女と映画に行きましたか？
— いいえ、行きませんでした。

⑤ 明日雪が降るかもしれない。

⑥ あなたのお父さんはこの学校を卒業したのですか？
— はい、そうです。

⑦ 彼らの家はいつ建てられたのですか？

⑧ さあ、夕食を食べましょうか？

⑨ １月から３度雪が降った。

⑩ 僕はすべてがうまくいくと信じています。

【使用語句】② 結婚する　get married

ワンポイント　アドバイス　①関係代名詞（主格）
②不定詞の副詞的用法（感情の原因）　that 節　③不定詞の副詞的用法（目的）
④一般動詞　⑤may　⑥一般動詞　⑦受動態　⑧shall　⑨現在完了　⑩that 節

❶ She has a dog which [that] has blue eyes.

❷ I am glad to hear (that) they got married.

❸ I came here to see your father.

❹ Did you go to the movies with her last week?
— No, I didn't.

❺ It may snow tomorrow.

❻ Did your father graduate from this school?
— Yes, he did.

❼ When was their house built?

❽ Now shall we have dinner?

❾ It has snowed three times since January.

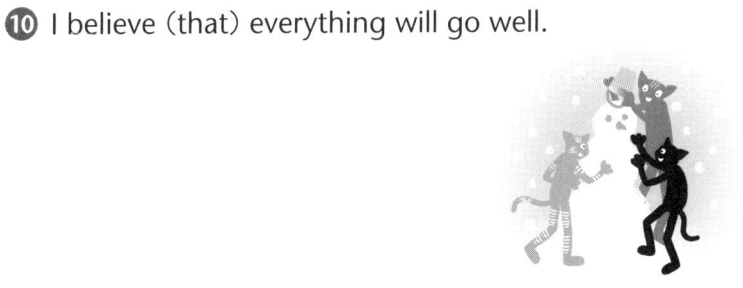

❿ I believe (that) everything will go well.

あとがき

　英語の基本文型をマスターし、簡単な英文を素早く作り出せるようにすること、すなわち瞬間英作文回路を獲得することは、英語の運用能力をつけるうえで欠かすことができません。英語を自由に話すことのできる人は、どういう方法、過程によってであれ、瞬間英作文回路を自分のうちに備えているものです。

　私は20代の半ばに、読解やリスニングのような側面に比べ、英語を話す力が向上しないことに悩み、この問題を解決するために、瞬間英作文トレーニングに取り組みました。効果は劇的なもので、わずか半年足らずで瞬間英作文回路が完成し、英文が口をついて出てくるようになりました。

　瞬間英作文トレーニングを実践する際、私は3つのステージに分けて練習することを勧めています。それぞれのステージの実践法、目的を簡単に言うと次のようになります。

　第1ステージ：文型ごとに練習して、基本文型が肉体化するまで刷り込んでしまう。

第２ステージ：ばらばらの文型で練習し、必要に応じて文型にアクセスできる力をつける。

第３ステージ：使いこなせる文型、語句を増やしていく。

　この３つのステージのうち、第２ステージまでで、瞬間英作文はほぼ完成します。第３ステージでは、第２ステージまでで身につけた瞬間英作文回路を使って、ストレスなく英文、フレーズを口にしながら、表現力を磨いて行きます。

　英単語、表現を覚え尽くすことはできないし、英語を母語とする人並みの表現力を身につけることは至難ですから、第３ステージに終わりはありません。
　逆に、第２ステージまでは──つまり瞬間英作文回路を完成することは──一定期間で終了することができるし、するべきです。
　一旦この瞬間英作文回路獲得というプロジェクトに取りかかったのなら、いつ果てるともない作業を、蛇の生殺しよろしく、だらだらと続けるのではく、半年、一年といった有限の期間でケリをつけるつもりでトレーニングを行ってください。

　腰を据えて取り組み、多少の単調さに耐え、基礎を完成することで、それ以降の段階が実にスムーズに進むというのは、英

語のみならず、すべての分野でいえることだと思います。

　英語力の、他のすべての側面と同様に、瞬間英作文回路も、一冊のテキストで完成するものではありません。何冊、何文やれば終了という数量化も不可能です。個々の学習者の基礎力、適性によって、回路完成までの期間、トレーニング量は異なるからです。しかし、一つのテキストが終われば次のテキストに取り組むというように「おかわり」を重ねて継続すれば、英文を口頭で作り出すことは次第に楽になり、やがて、瞬時に英作文ができるようになります。こうなれば、第３ステージへと進み、表現の幅を広げて行くのみという、いわば「収穫の時」を迎えることになります。

　多くの学習者の方が、瞬間英作文回路を完成し、第３ステージへと進み、豊かな収穫を楽しまれることを願ってやみません。

著者略歴

森沢洋介(もりさわようすけ)

1958年神戸生まれ。9歳から30歳まで横浜に暮らす。青山学院大学フランス文学科中退。大学入学後、独自のメソッドで、日本を出ることなく英語を覚える。予備校講師などを経て、1989～1992年アイルランドのダブリンで旅行業に従事。TOEICスコアは985点。現在千葉浦安で学習法指導を主眼とする、六ツ野英語教室を主宰。

ホームページアドレス　http://mutuno.sakura.ne.jp

[著書]　英語上達完全マップ
　　　CD BOOK どんどん話すための瞬間英作文トレーニング
　　　CD BOOK おかわり！どんどん話すための瞬間英作文トレーニング
　　　CD BOOK スラスラ話すための瞬間英作文シャッフルトレーニング
　　　CD BOOK ポンポン話すための瞬間英作文パターン・プラクティス
　　　CD BOOK バンバン話すための瞬間英作文「基本動詞」トレーニング
　　　[音声DL付] 英語構文を使いこなす瞬間英作文トレーニング マスタークラス
　　　CD BOOK みるみる英語力がアップする音読パッケージトレーニング
　　　CD BOOK NEW ぐんぐん英語力がアップする音読パッケージトレーニング 中級レベル
　　　　　　　　　　　　　　　　　　　　　　　　　　　　　（以上ベレ出版）

CDの内容　◎ DISC1　63分41秒　　DISC2　64分24秒
　　　　　　　◎ ナレーション　Howard Colefield・久末絹代
　　　　　　　◎ DISC1とDISC2はビニールケースの中に重なって入っています。

CD BOOK おかわり！スラスラ話(はな)すための瞬間英作文(しゅんかんえいさくぶん)シャッフルトレーニング

2010年6月25日　初版発行	
2025年6月2日　第16刷発行	
著者	森沢洋介(もりさわようすけ)
カバーデザイン	OAK 小野光一
イラスト・図表	森沢弥生

© Yosuke Morisawa 2010. Printed in Japan

発行者	内田真介
発行・発売	ベレ出版 〒 162-0832 東京都新宿区岩戸町12レベッカビル TEL　03-5225-4790 FAX　03-5225-4795 ホームページ https://www.beret.co.jp/
印刷	三松堂株式会社
製本	根本製本株式会社

落丁本・乱丁本は小社編集部あてにお送りください。送料小社負担にてお取り替えします。
本書の無断複写は著作権法上での例外を除き禁じられています。購入者以外の第三者による本書のいかなる電子複製も一切認められておりません。

編集担当　綿引ゆか

六ツ野英語教室

本書の著者が主宰する学習法指導を主体にする教室です。

- 電話
  0475-77-7123
- ホームページアドレス
  http://mutuno.sakura.ne.jp/
- コース案内

  レギュラークラス…週一回の授業をベースに長期的な学習プランで着実に実力をつけます。

  トレーニング法セミナー…本書で紹介した「瞬間英作文トレーニング」の他、「音読パッケージ」、「ボキャビル」などトレーニング法のセミナーを定期開催します。

  ＊〈レギュラークラス〉〈トレーニング法セミナー〉ともにオンラインで受講可能です。